HARALD SCHNEIDER

Wer mordet schon in der Kurpfalz?

MÖRDERISCHE KURPFALZ Sie denken, die Kurpfalz wäre eine beschauliche Urlaubsregion, in der es neben gutem Essen, hervorragendem Wein und Bier jede Menge touristische Sehenswürdigkeiten gibt? Bis auf das »Beschaulich« mag das alles stimmen. Doch hinter den Kulissen gärt die Kriminalität, vielleicht noch intensiver als in anderen Regionen. Überall wird gemordet, betrogen und erpresst. Die Motive sind so unterschiedlich wie die Methoden der Verbrecher. Begeben Sie sich mit unserem skurrilen Kommissar Reiner Palzki auf eine kriminelle Entdeckungstour quer durch die kurpfälzische Rheinebene. Ein Mord auf dem Heidelberger Königstuhl, ein Verbrechersyndikat an der Deutschen Weinstraße, Betrügereien in einem großen vorderpfälzischen Unternehmen? Lesen Sie selbst, so haben Sie diese Region garantiert noch nicht kennengelernt …

Harald Schneider, 1962 in Speyer geboren, wohnt in Schifferstadt und arbeitet in einem Medienkonzern als Betriebswirt. Seine Schriftstellerkarriere begann während des Studiums mit Kurzkrimis für die Regenbogenpresse. Der Vater von vier Kindern veröffentlichte mehrere Kinderbuchserien, unter anderem die interaktiven Meisterschnüffler. Seit 2008 hat er in der Metropolregion Rhein-Neckar-Pfalz den skurrilen Kommissar Reiner Palzki etabliert.

Bisherige Veröffentlichungen im Gmeiner-Verlag:
Tote Beete (2014)
Ahnenfluch (2013)
Künstlerpech (2013)
Palzki ermittelt (2012)
Pilgerspuren (2012)
Blutbahn (2012)
Räuberbier (2011)
Wassergeld (2010)
Erfindergeist (2009)
Schwarzkittel (2009)
Ernteopfer (2008)

HARALD SCHNEIDER

Wer mordet schon in der Kurpfalz?

11 Krimis und 111 Freizeittipps

GMEINER *Original*

Personen und Handlung sind frei erfunden.
Ähnlichkeiten mit lebenden oder toten Personen
sind rein zufällig und nicht beabsichtigt.

Besuchen Sie uns im Internet:
www.gmeiner-verlag.de

Im Ehnried 5, 88605 Meßkirch
Telefon 07575/2095-0
info@gmeiner-verlag.de

1. Auflage 2014

Lektorat: Claudia Senghaas, Kirchardt
Herstellung: Mirjam Hecht
Umschlaggestaltung: U.O.R.G. Lutz Eberle, Stuttgart
unter Verwendung eines Fotos von: © iStockphoto.com/nullplus
und © Sven Hoppe – Fotolia.com
Druck: GGP Media GmbH, Pößneck
Printed in Germany
ISBN 978-3-8392-1582-1

INHALTSVERZEICHNIS

VORWORT

Dem Auftrag der Programmleiterin des Gmeiner Verlags, Claudia Senghaas, einen kriminellen Freizeitplaner zu schreiben, bin ich gern gefolgt. Die Kombination aus Krimihandlung und informativen Freizeittipps finde ich genial. Die Kurpfalz ist voll mit Freizeitangeboten für alle nur erdenklichen Zielgruppen, von einem Mondflug vielleicht mal abgesehen. Obwohl ich mir auch da nicht so sicher bin.

Über die einzelnen Krimihandlungen der folgenden elf Geschichten habe ich mir zu Beginn keine Gedanken gemacht. Bei meiner ausufernden Fantasie waren die Exposés schnell erstellt. Doch einen Fehler galt es zu vermeiden: Claudia Senghaas drückte es auf einem Ihrer Fachvorträgen wie folgt aus: »Es reicht für einen Regionalkrimi nicht, einfach die Orte und die zurückgelegten Wege zu nennen. Vielmehr muss die Mentalität, das Besondere an dem in der jeweiligen Region lebenden Menschenschlag, herausgestellt werden.« Ein Einheimischer muss nach der Lektüre sagen können: »Alla Hopp, so sinn mer halt, die Kurpälzer«. Ein Auswärtiger muss dementsprechend sagen können: »Jo mei, die Pfälzer halt«.

Klischees in einem Regionalkrimi? Ja, natürlich, Klischees sind die Mutterpflanzen der Körnchen Wahrheit. Und wo haben überspitzte Darstellungen skurriler Personen und deren Taten eine bessere Plattform als in einem Palzki-Krimi? Sehen Sie!

Freuen Sie sich auf elf völlig unterschiedliche Geschichten. Nicht immer spielt unser beliebter Kommissar Reiner Palzki die Hauptrolle: Einmal erleben Sie einen Arbeitstag des Not-Notarztes Dr. Metzger und auch die Palzki-Kids Paul und Melanie jagen ein Gaunerpärchen. Letztgenannte Geschichte hat meine Tochter Larissa, obwohl mitten im Abi-Stress, zugesteuert. Zweimal ist auch Ihre erhöhte Aufmerksamkeit gefordert, da sich die Kurzkrimis am Ende als Ratekrimi entpuppen. Welche das sind? Das finden Sie beim Lesen bestimmt selbst heraus.

Bedanken möchte ich mich auch bei Steffen Boiselle und seinem Agiro-Verlag. Rheinpfalz-Leser unter Ihnen kennen ihn als Zeichner der 100%-PÄLZER!-Cartoons in den Sonntagsausgaben. Wir beide hoffen, dass Ihnen die auflockernden Zeichnungen aus Steffens Feder gefallen. Demnächst können Sie sich auch auf Weingläser mit Palzki-Motiven freuen.

Doch jetzt: Lesen Sie los. Schauen Sie in den literarischen Klischee-Spiegel der kurpfälzischen Bewohner.

KAPITEL 1

MÖRDERISCHER WEITBLICK – KÖNIGSTUHL

Es hätte so ein schöner Tag werden können.

Jeder weiß aus eigener Erfahrung, auf welche verrückten Ideen ein Vorgesetzter kommen kann. Unser Dienststellenleiter KPD, wie wir Klaus P. Diefenbach nannten, war zwar auch ohne Ideen verrückt, doch sein Vorschlag, einen Betriebsausflug nach Heidelberg zu unternehmen, setzte noch eins drauf. Grundsätzlich hatte ich nichts an einen schönen Tag in der Heidelberger Altstadt auszusetzen, wenn es sich wirklich um einen Ausflug gehandelt hätte: Aber KPD wollte nichts anderes, als seinem in die USA ausgewanderten Bruder, der zurzeit in good old germany weilte, einen vergnüglichen Tag bereiten. Ein knappes Dutzend Beamte, unter dem ich mich selbst befand, durfte Leibgarde für KPD und seinen Bruder spielen. Was wir im Vorfeld nicht wussten: Im Laufe des Tages entwickelte sich der Betriebsausflug anders als gedacht und zeigte uns wieder einmal in aller Deutlichkeit, dass es nicht nur linksrheinisch üble Gauner gab.

Während wir, das Fußvolk, mit der S-Bahn fahren mussten, steuerte das Diefenbachische Brüderpaar die Altstadt standesgemäß mit KPDs luxuriösen Dienstwagen an.

»Wo bleiben Sie denn so lang?«, schnatterte er mit arrogantem Blick auf seine goldene Armbanduhr, als wir den Treffpunkt Heiliggeistkirche erreichten. Es war sinnlos, unserem Chef zu erklären, dass wir vom Hauptbahnhof hierher gelaufen waren, weil sich niemand mit dem hiesigen Nahverkehrswesen auskannte und ein paar halbschlaue Kollegen die fußläufige Entfernung maximal unterschätzt hatten. Ohne eine Antwort zu geben, nahmen wir mit unseren letzten Kräften auf der Außenbestuhlung eines Cafés Platz. Mir qualmten die Socken, so viel wie heute war ich im gesamten letzten halben Jahr nicht gelaufen. Ohne auf das weitere Gelaber meines Chefs zu hören, zog ich meine Schuhe aus, was meine persönliche Situation geringfügig verbesserte. Innerlich verfluchte ich die zwei, drei Schleimkollegen, die den Rest der Mannschaft aufgrund KPDs Zeitvorgabe durch die Straßen hetzten.

Erst als KPD mich direkt ansprach, bemerkte ich, dass alle Kollegen ihren Sitzplatz wieder verlassen hatten.

»Das gilt auch für Sie, Herr Palzki!«, dröhnte die autoritäre Stimme KPDs. Er hatte wie üblich das Herr mit fünf ›r‹ ausgesprochen.

Da ich ihn verständnislos anstarrte, wiederholte er seine letzten Sätze. »Wir sind nicht im Dienst, Herr Palzki, ausruhen können Sie später. Jetzt gehen wir erst mal hoch zum Schloss.« Er zeigte Richtung Osten zur Ruine des Heidelberger Schlosses. »Und danach geht's rauf auf den Königstuhl. Dort oben werden wir dann vielleicht eine kleine Rast einlegen.« Ohne ein weiteres Wort zu verlieren, übernahm er gemeinsam mit seinem ewig vor sich hinlächelnden Bruder die Spitze unseres polizeilichen Wanderclubs.

Ich versuchte erfolglos, in meine Schuhe zu schlüpfen. Irgendwie mussten diese Dinger in den letzten Minuten eingegangen sein. Egal, ich beschloss, einfach sitzenzubleiben und der Rückkehr meiner Kollegen auszuharren.

»Ja, machen Sie endlich, Palzki!«, dröhnte es über den Platz. Eine japanische Touristengruppe mit führendem Sonnenschirm zuckte kollektiv zusammen.

Meinen Chef konnte ich ignorieren. Bei meinen Kollegen, die sich nun im Halbkreis aufstellten und mich gemeinsam wie eine Herde Cheerleader mit ›Go, Reiner, go!‹ anfeuerten, war es schwieriger. Ich beschloss, mich bei nächster Gelegenheit mit aller Härte zu revanchieren. Schwerfällig stand ich auf, und folgte auf Socken dem Rest des Betriebsausflugs.

Als ich zur Gruppe aufgeschlossen hatte, kaufte KPD an der Talstation gerade Tickets für die Bergbahn. Wenigstens etwas, dachte ich.

Unser Chef zeigte zur Seite. »Dort beginnt der Fußweg zum Schloss. Wir treffen uns in zehn Minuten vor dem Eingang«, sagte er und verschwand mit seinem Bruder in der Bergbahnstation.

Ein Murren ging durch meine Kollegen, zu einem handfesten Streik oder hilfsweise der Ermordung unseres Chefs konnten sie sich mehrheitlich nicht durchringen.

Ich hatte zwei Alternativen: Mit den anderen den Fußweg nach oben nehmen und dabei sterben oder aus eigener Kasse eine Fahrkarte lösen. Bei dem Gedanken, mit KPD zusammen in der Bahn zu sitzen, wählte ich eine dritte Alternative, die allerdings etwas kostspieliger war: Das Taxi kam wie gerufen. Manchmal musste man auch ein Quäntchen Glück haben.

Nachdem wir zweimal eine Neckarbrücke überquert hatten, wusste ich, warum der Taxifahrer mich zu Beginn der Fahrt fragte, ob ich das erste Mal in Heidelberg sei. Durch die versehentlich positive Beantwortung der Frage buchte ich, ohne es zunächst zu wissen, automatisch eine Stadtrundfahrt mit.

Es kam wie es kommen musste: Die Diefenbachbrüder und meine Kollegen standen wartend vor dem Schloss und glotzten auf das Taxi. KPDs Gesicht war rot wie eine Erdbeere.

»Das ich so etwas hinterhältiges als Dienststellenleiter der Schifferstadter Kriminalinspektion erleben muss!«, schrie er mir entgegen, als ich aus dem Taxi aussteigen wollte. Der Fahrer sah mich erschrocken an. »Alles Bullen in Zivil?«, fragte er zaghaft und begann leicht zu zittern. Ich sah ihn kurz an und wusste Bescheid. Allerdings war es mir im Moment egal, wie viele Dutzend Leichen er im Keller liegen hatte. »Ja«, antwortete ich und hatte einen Geistesblitz. Ich zog meine Visitenkarte aus der Hosentasche und überreichte sie dem nicht mehr so latenten Gauner: »Und der mit dem roten Kopf ist der Chef, Diefenbach heißt er. An ihn geht die Rechnung. Sie dürfen gern reichlich Trinkgeld draufschlagen.«

Sein Nicken zeigte mir den Erfolg meiner Bemühungen. KPD würde die Rechnung ungeprüft abzeichnen. Kleinkram interessierte ihn nicht.

Während mich KPD mit einer Schimpftirade abstrafte, zog ich meine Schuhe wieder an, was mir mit einem bisschen guten Willen gelang.

Unser Vorgesetzter ließ den Schlosseingang links liegen und marschierte zunächst in den Schlossgarten. »Ein kleiner Spaziergang wird uns nach der Fahrt gut tun«, meinte er zu seinem Bruder.

»Palzki«, flüsterte mir mein Chef plötzlich ins Ohr. »Wenn wir nachher ins Schloss reingehen wäre es mir sehr recht, wenn Sie sich etwas im Hintergrund halten würden. Ersparen Sie mir bitte weitere Peinlichkeiten. Ich weiß gar nicht, warum ich Sie überhaupt mitgenommen habe.«

Schade, dass sich keine Gelegenheit bot, meinen Vorgesetzten versehentlich eine Klippe hinunterzustürzen. Während der Polizistentross durch die weitläufige Gartenanlage schlenderte, setzte ich mich auf eine Sitzbank. Ich beobachtete aus der Ferne, wie KPD mit weitausholenden Gesten seinen Untergebenen den Garten erklärte, obwohl er von der Materie nur wenig mehr Ahnung hatte als ich.

»Na, haben Sie sich gut erholt?«, meinte er bissig, als sie eine knappe Stunde später zu mir kamen, um nun in das Schlossinnere zu gehen. Unser Chef kaufte tatsächlich Eintrittskarten für die komplette Mannschaft. Wahrscheinlich würde er die Kosten mit einer seiner zahlreichen Schwarzgeldkassen verrechnen.

KPD spielte den Führer und tat so, als hätte er das Schloss eigenhändig geplant und gebaut. Ohne ihn wäre das Schloss sicherlich eine Besichtigung Wert gewesen, doch mit seinen Kommentaren und bemüht witzigen Anekdoten entwickelte sich der Ausflug zu einer Farce. Selbst meine Kollegen hatten sich inzwischen geistig von dem Dienststellenleiter getrennt und hörten nicht mehr zu.

»Pharmazie ist eines meiner vielen Hobbys«, sagte er plötzlich, was mich aufhorchen ließ. »Das Apothekenmuseum im Untergeschoss des Ottheinrichsbaus ist ein Kleinod. Das müssen wir uns unbedingt anschauen.«

Bis eben war mir unbekannt, dass KPD außer ›Angeben‹ über weitere Hobbys verfügte.

»Ich warte so lang im Hof«, entgegnete ich. »Zuhause habe ich eine eigene Apotheke.« Dies war als Anspielung auf meine vier Kinder gedacht. Meine Frau Stefanie deckte sich für unseren Nachwuchs stets reichlich mit Medikamenten ein.

»Sie haben vorhin genug Pause gemacht, Palzki«, zerschmetterte er meine Hoffnung. »Der Besuch der Ausstellung ist im Eintrittspreis enthalten. Kommen Sie, auch Sie können noch etwas lernen.« Er überlegte einen Moment und ergänzte sarkastisch: »Wobei ich mir da nicht so sicher bin.«

Das Museum war klein aber fein. Alles war stimmig, ich fühlte mich in längst vergangene Tage zurückversetzt. Im Vergleich mit den heutigen Hygienebestimmungen waren die damaligen Verhältnisse im Gesundheitsgewerbe desaströs, aber man wusste es halt nicht besser. Erst Ignaz Semmelweis entwickelte im 19. Jahrhundert erste Hygienemethoden.

Verschlossene Türen machten mich schon als Kind

neugierig, und genauso eine entdeckte ich in den Ausstellungsräumen. Mein innerer Instinkt sagte mir, dass es hinter dieser Tür etwas Interessantes zu entdecken gab. Während die anderen müde durch die Ausstellung schlurften, ging ich zu der Tür und öffnete sie leise einen Spaltbreit. Was ich sah, machte mich sofort stutzig: ein 1a eingerichtetes Drogenlabor. Ein Weißkittelträger, der mir den Rücken zuwandte, bemerkte mich nicht. Fatalerweise brüllte im gleichen Moment KPD durch das Museum.

»Palzki, was machen Sie da? Sie können doch nicht einfach fremde Türen öffnen!«

Doch auch bei ihm siegte die Neugier, er trat näher. »Was ist da überhaupt?«

Schwungvoll öffnete er die Tür komplett und trat ein. Längst hatte der Weißkittel die Situation erfasst. Behände sprang er über einen Stuhl. Da die Tür offensichtlich der einzige Zugang war, drängte er an KPD und mir vorbei. Mein Vorgesetzter hatte allerdings noch ein gerüttelt Maß an Bewegungsenergie, die sich in Richtung Labortisch entlud. Dort knallte er mit Schwung in einen Aufbau, den jeder so oder ähnlich aus dem Chemieunterricht kannte. Ein paar dampfende Reagenzgläser zerschellten auf dem Boden und eine leicht grünliche Wolke stieg auf. KPD hatte Glück, von einer Schramme auf der Stirn abgesehen, schien er unversehrt zu sein.

»Was ist das?«, stotterte er, als er sich von seinem ersten Schreck erholt hatte.

Ich muss zugeben, dass ich mit meinem nächsten Satz die Weichen für die nächsten Stunden falsch stellte.

Hätte ich gesagt, dass dies die Spezialitätenküche des Schlossrestaurants ist und der Koch dringend auf die Toilette musste, hätte er mir das auch geglaubt. Da mir die guten Sachen meist erst später einfielen, beließ ich es bei der Wahrheit, was sich für mich rächen sollte.

»Das ist ein Drogenlabor, Herr Diefenbach, das sieht man doch.«

KPD glotzte mich begriffsstutzig an. »So sieht also ein Dro –, äh, natürlich weiß ich, wie ein Drogenlabor aussieht, Palzki. Für wie dämlich halten Sie mich?«

Manchmal ist es schwer, eine wahrheitsgemäße Antwort zu unterdrücken.

»Was machen wir jetzt?«, fragte ich stattdessen.

»Was machen wir jetzt?«, äffte er mir nach. »Die Verfolgung aufnehmen, aber schnell. Wir müssen die Hintermänner schnappen.«

KPD konnte tatsächlich rennen. Wahrscheinlich deswegen, weil er noch ziemlich ausgeruht war. Sein Bruder und meine Kollegen, die das Museum längst verlassen hatten, gafften uns an, als wir ihnen entgegenrannten.

»Uns nach«, schrie ich ihnen zu. »Wir müssen einen Drogenheini fangen.« Trotz beginnender Atemnot gelang es mir, eine detaillierte Personenbeschreibung durchzugeben. ›Weißer Kittel‹, das musste genügen.

Keine Minute später hatten wir durch unsere globale Befragungsmethode einen Besucher gefunden, der den Weißkittel zum Schloss-Ausgang rennen sah.

KPD war überzeugt davon, den Gauner zu schnappen. Wahrscheinlich nur, um seinem Bruder zu imponieren. Vielleicht aber auch, um den baden-württembergischen Behörden zu zeigen, was ein Schifferstadter Kripochef so alles drauf hatte.

Wir stürmten allesamt aus dem Schloss und erfuhren kurze Zeit später von einem weiteren Zeugen, dass der Gesuchte den Weg nach oben zum Königstuhl genommen hatte.

»Rennen Sie ihm hinterher«, befahl KPD in meine Richtung. »Sie haben ihn am besten gesehen und können ihn identifizieren. Wir folgen Ihnen mit der Bergbahn.«

Unter dem heftigen Lachen der anderen ging er mit ihnen und seinem Bruder in Richtung Bergbahnstation.

Ich wusste, was auf mich zukam: Von der Talstation bis zum Schloss waren es 400 Treppenstufen. Der Weg vom Schloss bis zum Königstuhl, dem man den aussagekräftigen Namen Himmelsleiter gegeben hatte, besaß weitere 1.200 Stufen und überwand 270 Höhenmeter. Normalerweise waren 270 Flachmeter für mich mehr als genug.

Ich schätzte, dass ich ungefähr 8 – 14 Tage benötigen würde, um oben lebend anzukommen. Erschwerend kam hinzu, dass die Treppe aus grob behauenen ungleichen Sandsteinen bestand. Während ich die ersten Stufen in Angriff nahm, erinnerte ich mich, welche tolle Zeit ich mit meiner Familie auf dem Königstuhl hatte. Wir waren allerdings immer mit dem Auto hochgefahren. Meine Kinder liebten, als sie noch kleiner waren, das Märchenparadies und wir wegen den moderaten Eintrittspreisen.

Auch die Falknerei hatten wir einmal besucht und den Waldlehrpfad begangen. Es gab sogar einen herrlichen Aussichtspunkt, an dem man bei schönem Wetter die komplette Rheinebene überblicken und bis zum Pfälzerwald schauen konnte. Ach ja, dann gab es noch die Landessternwarte mit dem Planetenweg, auf dem meine Kinder immer den weit entfernten Pluto suchten.

Kaum zu glauben, ich schaffte es. Nach unzähligen Pausen, vielleicht waren es sogar ein paar mehr, kam ich mit krebsrotem Gesicht klatschnass oben an. Meine Kniegelenke schmerzten, als hätte mir jemand Sparrennägel durchgetrieben. Meine Füße zitterten, als stünden sie unter Hochspannung. Meine Lunge bebte, als hätte mich jemand mit Pressluft geimpft. Ein paar zufällige Passanten blickten verwirrt, als sie mich stöhnend vorbeihumpeln sahen.

Ich musste nicht lange nach dem Rest der Schifferstadter suchen. Direkt vor dem Heidelberger Fernsehturm, einem von drei Türmen auf dem Königstuhl, stand eine ganze Armada an Polizeifahrzeugen. Sogar ein Wasserwerfer war darunter.

Mühsam schleppte ich mich die letzten Meter bis zu dem Fernsehturm, der bis 2002 eine Aussichtsplattform mit Restaurant besaß und noch früher sogar als Wasserturm diente.

Schauplatz der Aktion schien ein Nebengebäude zu sein. Just als ich ankam, wurden ein paar japanisch aussehende Männer in Handschellen abgeführt. Im gleichen Moment kam auch KPD aus dem Gebäude. Leider ohne Handschellen, wie ich enttäuscht feststellen musste.

»Ja, wo bleiben Sie denn!«, dröhnte er über den Vorplatz, dass sich sogar die Gefangenen ängstlich wegduckten.

»Immer muss ich als guter Chef alles allein machen. Ich wollte schon einen Bernhardiner losschicken, um Sie zu suchen, Palzki. Haben Sie unterwegs ein Nickerchen gemacht? Die Fahrt mit der Bergbahn hat doch nur wenige Minuten gedauert. Solange kann der Weg gar nicht sein.«

Meine Kollegen, die inzwischen ebenfalls erschienen waren, verkniffen sich das Lachen. Wahrscheinlich sah ich zu erbärmlich aus.

KPD zeigte auf die Festgenommenen. »Stellen Sie sich mal vor, Palzki. Diese Japaner waren dabei, die Heidelberger Altstadt aufzukaufen und in ein Drogenparadies zu verwandeln. In diesem Fernsehturm hatten sie ihr Hauptquartier. Was sagen Sie jetzt, Palzki?«

Ich sagte nichts. KPD erledigte noch ein paar Formalitäten, die darin bestanden, der immer größer werdenden Journalistenschar die Geschichte aus seiner Perspektive zu erzählen. Ich nahm nur vielfach die Wörter ›ich‹ und ›mein‹ wahr.

Mit einem Blick zur Uhr leitete er den Rückweg ein. »Wir müssen zurück. Mein Bruder und ich haben noch eine Verabredung zum Dinner. Herr Palzki, sie zeigen Ihren Kollegen den Weg nach unten. Zum Bahnhof finden Sie dann bestimmt auch.«

Mit diesen Worten verschwand er mit seinem Bruder in der Bergbahn.

1 Die Heidelberger Altstadt liegt am südlichen Neckarufer zwischen dem Fluss und dem Königstuhl.
http://www.heidelberg.de

2 Die Heiliggeistkirche ist die größte und sogleich die bedeutendste Kirche in Heidelberg. Im 14. Jahrhundert erbaut war sie als Grablege der pfälzischen Kurfürsten geplant. Bis 1936 war sie eine Simultankirche.
http://www.ekihd.de/gemeinden-heidelberg/Altstadtgemeinde.htm

3 Der Königstuhl ist mit knapp 600 Metern der höchste Berg des Kleinen Odenwalds und der Bergstraße.
http://de.wikipedia.org/wiki/K%C3%B6nigs-tuhl_%28Odenwald%29

4 Die Heidelberger Bergbahn besteht aus zwei Standseilbahnen. Die »Molkenkurbahn« führt vom Kornmarkt am Heidelberger Schloss vorbei zur Molkenkur. Dort geht es weiter mit der »Königstuhlbahn« zum Königstuhl.
http://www.bergbahn-heidelberg.de

5 Das Heidelberger Schloss ist eine der berühmtesten Ruinen Deutschlands. Der Ottheinrichsbau, gehört zu den bedeutendsten deutschen Bauwerken der Renaissance.
http://www.schloss-heidelberg.de

6 Das Deutsche Apotheken-Museum im Schloss zeigt Einblicke in die Geschichte der Pharmazie von der Antike bis zum 21. Jahrhundert.

7 Der Schlossgarten wurde im Auftrag des Kurfürsten Friedrich V. angelegt. Er galt zu seiner Zeit als einer der berühmtesten Gärten Europas.
http://de.wikipedia.org/wiki/Heidelberger_Schloss#Sonstige_Anlagen

8 Das Märchenparadies hat täglich von 10 – 17 Uhr geöffnet und ist nicht nur wegen der günstigen Eintrittspreise sehr begehrt. Adresse: Märchenparadies Heidelberg, Königstuhl 5a
http://www.maerchenparadies.de/

9 Über 1.200 Stufen geht die Himmelsleiter vom Heidelberger Schloss zum Gipfel des Königstuhles und überwindet 270 Höhenmeter. Erbaut wurde sie im 19. Jahrhundert von Bezirksförster Adam Laumann.
http://de.wikipedia.org/wiki/K%C3%B6nigstuhl_(Odenwald)

10 Die Falknerei auf dem Königstuhl zeigt Flugvorführungen bei jedem Wetter vom 1. April bis Ende Oktober. http://www.tinnunculus-heidelberg.de

11 Der Walderlebnispfad ist ein Themenweg, der für Kinder jeden Alters geeignet ist.
http://www.mamilade.de/baden-wuerttemberg/heidelberg/ausflugstipps/natur-abenteuer/walderlebnispfad-am-koenigstuhl-heidelberg

12 Auf dem Gelände der Landessternwarte befindet sich ein Planetenweg zur Veranschaulichung des Planetensystems.
http://www.lsw.uni-heidelberg.de/

CARTOON

KAPITEL 2

WECK, WORSCHT, WOI UN Ä RIESEFASS – BAD DÜRKHEIM

Es hätte so ein schöner Tag werden können.

Normalerweise ignorierte ich anonyme Schreiben und Anrufe. Wo kämen wir da hin, wenn ich jede anonyme Morddrohung, um genau solche handelte es sich gewöhnlich, für bare Münze nehmen würde. Doch dieses Mal machte ich eine Ausnahme. Der Anrufer drohte nicht mit meinem unplanmäßigen Ableben, sondern erwähnte, dass Jacques Bosco ihm persönlich empfohlen hatte, mit mir Kontakt aufzunehmen. Jacques, den Erfinder und vermutlich letzten Allgemeingelehrten der Menschheit kannte ich bereits als Kind. Ich muss zugeben, dass er mir in der letzten Zeit das eine oder andere Mal hilfreich beim Lösen von vertrackten Ermittlungsverfahren war, natürlich stets zufällig. Selbstverständlich fragte ich den anonymen Anrufer, warum er mir seine Identität nicht preisgeben wollte. »Mein Name tut nichts zur Sache«, war die lapidare Antwort.

So kam es, dass ich mich mit ihm in Bad Dürkheim verabredete. Ich stellte meinen Wagen auf den großen Parkplatz direkt hinter dem Gradierwerk, wie die Salinen korrekt bezeichnet wurden, der jährlich Schauplatz des Wurstmarkts war. Das größte Weinfest der Welt zog jedes Mal über 600.000 Besucher an. Als Kind freute ich mich bei jedem Besuch auf das gewaltige Riesenrad, aus dem man weit über die Rheinebene blicken und heimlich hinunterspucken konnte. Zur Belohnung bekam ich dann einen schmackhaften Worschteweck, wie man hier ein Brötchen mit Wurst nannte. Auf der einen Seite wurde der Festplatz durch die 330 Meter lange Saline, an der an heißen Tagen bis zu 25 Kubikmeter salzhaltiges Heilwasser verdunstete, begrenzt. Auf der gegenüberliegenden Seite befand sich das Dürkheimer Riesenfass, das mit einem Durchmesser von knapp 18 Metern rund 1.700 Kubikmeter Rauminhalt bot, aber leider kein vernünftiges Echo zustande brachte, was ich als Kind bemängelte. Dieses größte Fass der Welt beherbergte seit Jahrzehnten ein Restaurant. Doch heute war eine andere Gaststätte mein Ziel: Das Hotel und Restaurant Fronmühle lag nur wenige Meter vom Festplatz entfernt am südlichen Ende der Saline. In diesem Restaurant mit seinem rustikalen und liebevollen Inventar, das sogar noch größere Originalteile der ehemaligen Mühle beinhaltete, war ich schon das eine oder andere Mal mit meiner Frau Stefanie zu Gast. Im angegliederten Bistro Kbar sollte ich auf den anonymen Anrufer treffen.

Ohne Personenbeschreibung war es naturgemäß schwierig, die Zielperson ausfindig zu machen. Wäre ich Sherlock Holmes, könnte ich anhand von ein paar roten Staubkörnchen auf den Schuhen, die der Typ, der an der Bar saß und Ähnlichkeiten mit Rudi Carrell hatte, den Anrufer identifizieren. Holmes wäre es sicherlich nicht entgangen, dass vor der einzigen öffentlichen Telefonzelle weit und breit dieser rote Staub lag.

Da der Meisterdetektiv und auch Rudi Carrell längst tot waren und an der Bar überhaupt niemand saß, kam dieser Lösungsansatz nicht infrage. Stattdessen kam ein jüngerer Mann, er dürfte in meinem Alter sein, auf mich zu. In der Hand hielt er ein halbgefülltes Dubbeglas. Um Nichtpfälzern mit diesem Fachbegriff nicht im Regen stehen zu lassen, sei entschuldigend erwähnt, dass es sich hierbei um ein konisch geformtes Halbliterglas handelte, das mit zahlreichen Dellen, den sogenannten Dubben, verziert war und dem temporären Besitzer auch nach mehreren alkoholhaltigen Füllungen genügend Halt bot, um nicht den Fingern in Richtung Erdmittelpunkt zu entgleiten.

»Herr Palzki«, begrüßte er mich freundlich. »Wollen Sie auch einen Weißherbstschorle? Er ist sehr erfrischend.«

Ich muss bei den auswärtigen Krimilesern schon wieder um Entschuldigung bitten: Aber leider funktioniert dieser Ermittlungsfall, obwohl bereits in einem Lokal spielend, nur mit detailliertem Lokalkolorit, zu dem unabdingbar die Lebensumstände der hiesigen Bevölkerung gehören. Grämen Sie sich folglich nicht, wenn Sie bis eben nicht gewusst haben, dass das genannte Getränk zur guten Hälfte aus der Rebensorte Weißherbst und zur geringeren Hälfte aus Mineralwasser besteht.

Selbstverständlich wusste ich, dass sein Getränk äußerst erfrischend war. Dennoch zählte ich mich eher zur Fraktion der Biertrinker, auch wenn der Genuss eher selten und in Richtung Weizenbier tendierte.

»Nein, danke«, antwortete ich. »Im Dienst sollten wir Beamten im Regelfall nichts trinken.«

Mein Gegenüber, der ein rotes Brillengestell trug, wie es vor einigen Jahren modern war, lachte herzlich. »Da hat mir Herr Bosco aber anderes erzählt.«

»Der hat eine blühende Fantasie«, entgegnete ich zur Verteidigung. »Sie wollten mir noch Ihren Namen nennen.«

Die Überrumpelungstaktik lief ins Leere. Er stellte das Glas auf einem Tisch ab, richtete seine grasgrüne Krawatte, die farblich gegen seine Brille kämpfte und lachte erneut. »Sie können's nicht lassen, Herr Palzki. Setzen wir uns.«

Nachdem ich einen Apfelsaftschorle bestellt hatte, der interessierte Leser weiß längst, dass ›Schorle‹ einer ungefähr hälftigen Glasfüllung mit Mineralwasser entsprach, legte er mit einem Blick auf seine mit Sicherheit sündhaft teure Armbanduhr los:

»Kennen Sie das Pollichia-Museum?«

Mit dieser Frage erwischte er mich auf dem falschen Fuß. Es gab in der Kurpfalz unendlich viele Museen, gefühlt sogar noch mehr. Auch wenn mich das eine oder andere Museum sicherlich reizen würde: Mit Kindern, die begonnen haben, ihren eigenen Willen bezüglich Ausflugsplanung zu entwickeln und auch mit allen Mitteln durchzusetzen, so etwa ab acht Jahren, konnte man einen Museumsbesuch von vornherein vergessen, wenn man sich nicht der Gefahr aussetzen wollte, von den eigenen Nachkommen entmündigt zu werden.

»Habe ich schon mal gehört«, antwortete ich vorsichtig und hoffte, in keine Falle zu tappen.

»Der offizielle Name lautet Pfalzmuseum für Naturkunde«, ergänzte mein Gegenüber.

»Ach, das!« Ich tat, als wäre bei mir der Groschen gefallen. »Da wollte ich schon immer mal hin. Meine Nachbarin war mal dort und hat uns davon vorgeschwärmt.«

»So geht es vielen, Herr Palzki. Das Museum ist unglaublich vielfältig und hält zahlreiche Überraschungen parat. Und der Eintritt ist äußerst preiswert.«

Ich ließ seinen Kommentar unbeantwortet und kümmerte mich um meine Apfelsaftschorle.

»Ich würde Sie bitten, mit mir zu diesem Museum zu fahren. Es ist nicht weit.«

Keine Bitte ohne Gegenleistung, dachte ich und sagte: »Dazu müsste ich vorab die Gründe wissen und wie Sie heißen.«

Er verzog sein Gesicht zu einer Grimasse, was ihn zusammen mit seinen Farbmix-Accessoires wenig vorteilhaft aussehen ließ. »Das ist im Moment leider nicht möglich, Herr Palzki. Lassen Sie es mich erklären: Das Museum liegt in der Hand von mehreren kommunalen und öffentlichen Trägerschaften. Wir haben ein politisches Problem. Aber die Gründe für unseren Hilferuf, die will ich Ihnen gerne nennen.«

Dass er im Plural gesprochen hatte, bemerkte ich sofort, genauso wie die Erwähnung der politischen Gründe. Wie kam Jacques nur dazu, mich für solch eine heikle Mission zu empfehlen? Rücksichtnahme auf prominente Personen, nichts weiter bedeutete im Regelfall die Floskel ›politische Probleme‹. Doch für solche Mätzchen hatte ich absolut nichts übrig. Ich besaß zwar nach eigener Einschätzung eine Überportion an Einfühlungsvermögen, den Mund verbieten ließ ich mir im Regelfall nicht. Nicht einmal von meiner Frau Stefanie, manchmal zumindest.

Ich seufzte. »Dann erzählen Sie mal Ihre Geschichte.« Ich lehnte mich zurück und machte mich auf einen längeren Monolog gefasst.

»Es ist wirklich sehr heikel«, begann er. »Es geht um die Geschäftsführerin des Museums. Frau Kopiez ist als Leiterin des Museums sehr beliebt und fachlich eine Koryphäe. Dennoch sind wir der Meinung, dass sie für das Verschwinden der Ausstellungsstücke verantwortlich ist.«

»Sie klaut?«, fragte ich überrascht. »Haben Sie keine Kameras im Museum?«

»Doch, schon«, antwortete er geknickt. Aus Datenschutzgründen werden die Aufnahmen nach 24 Stunden überspielt. Leider werden die Diebstähle nicht sofort entdeckt. Wir können schließlich nicht jeden Tag Inventur machen.«

Ein Museumsdiebstahl, dachte ich und atmete tief durch. Zur Abwechslung mal keine der üblichen Mord- und Totschlagsgeschichten. Warum auch nicht? Ich war mir sicher, dass ein erholsamer Tag auf mich wartete.

»Sind die gestohlenen Stücke sehr wertvoll?«

Er schüttelte den Kopf. »Wie wollen Sie bei einem alten Mammut-Oberschenkel den Wert definieren?

Monetär gesehen kann man ihn sicherlich nicht mit Gold aufwiegen, ideologisch gesehen ist der Diebstahl eine Katastrophe.«

»Ich soll mich um einen alten Knochen kümmern?«

»Es ist nicht nur das«, beruhigte er mich. »Es sind die unterschiedlichsten Dinge verschwunden, quer durch das ganze Gebäude. Und das erstaunliche: Manchmal sind sie plötzlich wieder da. Wir stehen vor einem Rätsel.«

»Dann besteht unter Umständen Hoffnung, dass auch die anderen Gegenstände wieder zurückkehren. Sollten Sie sich daher nicht in Geduld üben und erst mal abwarten?«

Er rückte näher zu mir. »Herr Palzki, einige der gestohlenen Gegenstände sind Dauerleihgaben aus Privatbesitz. Nicht auszudenken, wenn die Stifter davon erfahren und alle ihre Ausleihungen zurückfordern. Dann können wir das Museum dicht machen.«

»Gab es Erpressungsversuche?«, riet ich ins Blaue hinein.

»Wieso denn das?«, fragte er irritiert. »Ach so, Sie meinen Lösegeldforderungen. Nein, nichts dergleichen.«

Ich stellte mein leeres Glas ab und stand auf. »Dann lassen Sie uns mal hinfahren. Sie kennen den Weg?«

Sein roter Audi stand vor der Fronmühle. Ich prägte mir das Kennzeichen ein, um später über diesen Umweg seinen Namen in Erfahrung zu bringen.

Er nahm die Bundesstraße in Richtung Kaiserslautern. Die Strecke war mir nur zu bekannt. Sonntag für Sonntag musste ich als Kind mit meinen Eltern im Pfälzerwald wandern gehen, während die Nachbarkinder fröhlich spielten. Auch meinen Eltern war die Problematik wohl bewusst, sodass sie die Ausflugsfahrten mit einer Überraschung garnierten. Oft war es der Besuch einer Burg oder zumindest Ruine, von denen es im Pfälzerwald fast so viele wie Museen gab. Manchmal reichte es aber nur zu einer Flasche Mirinda auf einer Pfälzerwaldhütte. Ich weiß es nicht mehr so genau, aber ich glaube, Cola gab es damals erst ab 16. Zumindest, wenn die Eltern dabei waren.

Der Übergang zwischen Bad Dürkheim und dem beginnenden Pfälzerwald war mir nur zu gut in Erinnerung. Eines Sonntags wurde ich mit dem Versprechen gelockt, Burgen mit den sonderbaren Namen Kehrdichannichts, Murrmirnichtviel und Schaudichnichtum aufzusuchen. Groß war die Enttäuschung, als sich das Erstgenannte als ehemaliges Jagdschloss herausstellte, das früher als Gaststätte diente. Noch schlimmer waren die beiden anderen antiken Gebäude: Mehr als ein Haufen Steine gab es nicht mehr zu sehen.

»Sie lächeln so selig, als wüssten Sie bereits, wer die Sachen gestohlen hat«, meinte mein Fahrer mit einem Blick zu mir.

»Ich war nur in Gedanken«, verteidigte ich mich.

»Mir geht es auch immer gleich besser, sobald ich in die Berge fahre. Hier oben«, er zeigte durch die Windschutzscheibe zu einer Burg, »liegt die Klosterruine Limburg. Waren Sie schon mal dort?«

»Einmal?«, erklärte ich ihm. »Schon zigmal. Noch öfters war ich auf der Hardenburg. Das war als Kind meine Lieblingsburg.«

»Ich finde es erstaunlich, dass Sie sich so auskennen, Herr Palzki. Wer nicht direkt in der Gegend wohnt, kennt sich im Regelfall nicht aus. Sie scheinen schöne Kindheitserinnerungen zu haben. Bis zur Hardenburg kommen wir aber nicht. Das Museum liegt im Ortsteil Grethen. Wir fahren aber nicht auf den Personalparkplatz, sondern auf den Besucherparkplatz, das ist weniger auffällig. Es ist nicht sehr weit zu laufen.«

Hoffentlich war er keiner dieser Hardcore-Wanderer, für die Strecken unter der Marathonentfernung wegen Geringfügigkeit nicht erwähnenswert waren. Ich überlegte, ob ich zwecks Gefahrenabwehr körperliche Unzulänglichkeiten wie schmerzende Kniegelenke geltend machen sollte.

Todesmutig ließ ich es auf einen Versuch ankommen. Ein Besucherparkplatz nützte schließlich nichts, wenn die zwangsmitgeführten Kinder bereits vor dem Museum aufgrund der Wegstrecke aufbegehrten und nach dem Jugendamt schrien.

Die fußläufige Entfernung lag trotz leichter Steigung gerade noch in meinem Konditionsbudget. Ich benötigte nur zwei bis drei getarnte Basislager, an denen ich spontan stehen blieb, die Umgebung gebührlich bestaunte und mir unauffällig den Schweiß von der Stirn wischte.

»Vor ein paar Jahren hat man den Haupteingang in einen neu errichteten Anbau verlegt«, sagte mein anonymer Führer, als wir das verwinkelte Museumsgelände erreicht hatten. Wir traten durch eine sich automatisch öffnende Tür in das freundlich gestaltete Foyer, in der eine imposante Eiche stand.

Die Frau hinter der Kasse zog ein Lächeln auf und begrüßte uns: »Hallo, Herr Servant, ich wusste gar nicht, dass Sie heute vorbeikommen wollten.«

Mein Führer wurde schlagartig rot, die Geste in Richtung Dame kam für seine Geheimhaltung viel zu spät. Nachdem er ein wenig hilflos herumgestottert hatte, meinte er zu ihr: »Ich bin rein privat mit meinem Freund Herrn, äh, Reiner, hier.« Er blickte schüchtern zu mir, doch ich lächelte. Ich wusste nur zu gut, dass man im Leben solche Notlügen nie ganz unterbinden konnte. »Ich will ihn kurz durch das Museum führen, ist das okay?«

»Na klar«, war ihre nach wie vor freundliche Antwort. »Machen Sie das. Nachher kommen allerdings ein paar Schulklassen, dann kann es ein wenig laut werden.«

»Ist die Chefin da?«, fragte mein nicht mehr anonymer Begleiter.

Sie zog die Schultern hoch. »Ich weiß es nicht. Gesehen habe ich sie heute noch nicht.«

Über einen Flur, in dessen Boden mehrere Ausstellungsstücke eingelassen und mit trittsicheren Glasplatten abgedeckt waren, kamen wir in den älteren Teil des Museums.

»Ich hoffe, Sie verzeihen mir dieses kleine Missgeschick, Herr Palzki?«, fragte Herr Servant, als wir außer Hörweite der Dame waren.

»Kein Problem«, antwortete ich, war ich doch froh, eindeutig keinem professionellen Gauner aufgesessen zu sein, der sich womöglich mit falschen Haarteilen verkleidet hatte.

»Das Museum ist wegen der Hanglage fünfstöckig«, erklärte er und zeigte nach vorn. Durch eine Glastür konnte ich in einen Innenhof blicken.

»Das ist der alte Eingang. Gehen wir erst mal nach unten.«

Ein paar Meter weiter blickten wir wie von einer Empore auf das Tiefgeschoss, das an dieser Stelle zweistöckig war. Fasziniert ließ ich diese optisch hervorragend gestaltete Szene auf mich wirken. »Können wir da runter?«

»Wir sollten sogar, weil ich Ihnen da unten etwas zeigen will.«

Nach einem schmalen Treppenhaus und ein paar musealen Vorräumen, standen wir in der Kellerhalle und schauten auf eine künstliche Höhle, auf deren Eingang ein Auerochse thronte. Neugierig wie ich war, ging ich in die Höhle, die sich als kleines Labyrinth mit einer Edelsteinsammlung entpuppte.

»Da staunen Sie, was?«, sagte Herr Servant, als ich wieder zurückkam. Nun zeigte er auf einen riesigen Knochen, der senkrecht auf einer Bodenplatte befestigt war. »Das ist der Oberschenkel eines Mammuts. Er war zwei Wochen lang verschwunden und dann war er plötzlich wieder da.«

Das klang irgendwie verrückt, aber als hochgeschulter Kriminalbeamter wusste ich, dass es für alles ein Motiv gab. »Ist zerstoßener Mammutknochen in irgendeinem Land vielleicht ein Heilmittel oder gilt als Potenzsteigernd?«, fragte ich vorsichtig.

»Dann wäre das Stück wohl kaum wieder da«, meinte

Servant. »Dass es sich um das Original handelt, wurde natürlich überprüft.«

Während ich mir Gedanken machte, führte er mich nach oben. Im Schnelldurchlauf zeigte er mir die vielen thematischen Bereiche, die das Museum bot. Unter der Dachschräge erwartete mich eine weitere Überraschung: Fast der komplette Dachboden bestand aus einem Raum voller Tierpräparaten aller Art. Sie standen frei auf dem Boden, lagen in Vitrinen, hingen an den Wänden oder schauten den Besucher von oben herab an.

»Das Raritätenkabinett ist eines unserer Glanzpunkte«, meinte Servant stolz. »Leider sind aus diesem Saal die meisten der gestohlenen Ausstellungsstücke verschwunden.«

Ein kurzes, aber deutlich hörbares Knarren ließ mich aufhorchen. War vielleicht einer der Raubvögel lebendig und würde sich gleich auf mich stürzen? Realistisch sahen die Tiere auf jeden Fall aus. Auch der Braunbär in der Ecke ließ mich einen Moment zusammenzucken.

»Was war das für ein Geräusch?«

Mein Begleiter drehte sich um. »Ich habe nichts gehört.«

»Das kam von da vorn.« Ich zeigte auf eine unscheinbare Tür rechts vom Treppenhaus.

»Das ist nur unser Lager. Da ist aber niemand.«

Diese Antwort überzeugte mich nicht. Ich untersuchte die Tür und bemerkte, dass von innen ein Schlüssel steckte. Mit der Faust hämmerte ich an die Tür und rief: »Polizei, machen Sie bitte sofort die Tür auf!«

Während Servant überrascht zu mir kam, hörte ich aus dem Lager leise Geräusche.

Mit einem »wir wissen, dass Sie da drinnen sind« erhöhte ich den psychologischen Druck. Sekunden später öffnete eine sichtlich peinlich berührte Frau die Tür.

»Frau Kopiez«, rief Servant überrascht. »Was machen Sie hier oben im Lager?«

Wortlos trat sie zu uns in den Saal. Erfolglos versuchte sie, die Tür hinter sich zu schließen.

»Erlauben Sie?«, fragte ich dreist und öffnete die Lagertür erneut.

»Was erlauben Sie sich?«, waren ihre ersten Worte.

»Polizei. Hatte ich das nicht bereits erwähnt?«

Ohne weitere Erklärungen ging ich in das Lager. Als Hobbyfotograf wusste ich sofort, was sich in diesem Raum abspielte. Auf dem Tisch stand ein sündhaft teurer 3D-Scanner. Frau Kopiez war gerade dabei, Skelettteile einzuscannen.

»Was machen Sie da, Frau Kopiez?«, fragte Servant, nachdem er sich den technischen Aufbau angeschaut hatte.

Die Museumsleiterin hatte sich wieder gefangen. »Ich bin keine Diebin, das müssen Sie mir glauben. Ich leihe mir die Sachen nur aus. Ich will die Modelle ins Internet stellen, sodass man sich von jedem Ort dieser Welt unsere Ausstellungsstücke anschauen kann. Unser Museum wird berühmt werden.«

»Und warum haben Sie das niemanden gesagt?«, fragte Servant zweifelnd.

»Weil mir das keiner genehmigt hätte«, antwortete sie. »Viel zu teuer, hätte man mir beschieden. Ich mache dies in meiner Freizeit. Für das Museum entsteht kein Schaden.«

Während Servant ihre Aussage überdachte, entdeckte ich im hinteren Ende des Lagers einen weiteren Aufbau. Jetzt erkannte ich das wahre Motiv. Zielsicher ging ich zu den zahlreichen Kartons, die danebenstanden und öffnete den Erstbesten. Ich zog eine erstklassige Kopie des Mammutknochens hervor.

»Das ändert Ihre Situation entscheidend, Frau Kopiez«, sagte ich. »Mit diesem 3D-Drucker fertigen Sie Kopien der Exponate an. Wie viele haben Sie bereits verkauft? Wie viel Geld lässt sich damit verdienen?«

13 Natur & Kultur, Wein & Genuss, Wellness & Gesundheit, das ist Bad Dürkheim.
http://www.bad-duerkheim.com

14 Das Gradierwerk, oft »Saline« genannt, ist ein Teil der Kuranlagen und ein Wahrzeichen Bad Dürkheims.
http://www.bad-duerkheim.com_
Schauen Sie unter Sehenswürdigkeiten

15 Der im Jahre 1417 erstmals veranstaltete Wurstmarkt findet jährlich am zweiten und dritten Septemberwochenende statt und ist mit über 600.000 Besuchern das größte Weinfest der Welt.
http://www.duerkheimer-wurstmarkt.de/

16 Das größte Fass der Welt wurde 1934 von dem Bad Dürkheimer Weingutsbesitzer und Küfermeister Fritz Keller aus Holz gebaut. Es hat einen Durchmesser von 13,5 m und ein Volumen von 1.700.000 Liter.
http://www.duerkheimer-fass.de/

17 Das Restaurant Fronmühle und die Kbar befinden sich in unmittelbarer Nähe des Gradierbaus. http://www.hotel-fronmuehle.de/

18 Das Pfalzmuseum für Naturkunde ist ein naturkundliches Museum. Zu den bekanntesten Exponaten gehört der 1869 auf der Sickinger Höhe niedergegangene Krähenberger Meteorit. http://www.pfalzmuseum.de/

19 Der Pfälzerwald ist das größte zusammenhängende Waldgebiet Deutschlands und eine der größten zusammenhängenden europäischen Waldflächen mit etwa 1589,4 km^2.
http://www.pfaelzerwald.de/

20 Kehrdichannichts ist ein ehemaliges Jagdschloss im Pfälzerwald. Es gehörte dem Leininger Grafengeschlecht.
http://de.wikipedia.org/wiki/Schloss_Kehrdichannichts

21 Murrmirnichtviel ist die Ruine eines Jagdschlösschens mit Wachturm, das den Leininger Grafen gehörte.
http://de.wikipedia.org/wiki/Schloss_Murrmirnichtviel

22 Das Jagdhaus Schaudichnichtum war eine Unterkunft für den kurpfälzischen Adel im 18. Jahrhundert. Es ist nur noch an einem Gedenkstein erkennbar.
http://de.wikipedia.org/wiki/Schloss_Schaudichnichtum

23 Das Kloster Limburg ist ein aus dem Mittelalter stammendes ehemaliges Kloster in romanischem Baustil und außerhalb von Veranstaltungen öffentlich zugänglich.
http://www.bad-duerkheim.com
Schauen Sie unter Sehenswürdigkeiten

24 Die Burganlage Hardenburg besitzt eine Grundfläche von 180 mal 90 m. Im Spätsommer gibt es in der Ruine ein mittelalterlicher Markt.
http://www.burgen-und-schloesser.net/niedersachsen/burg-hardenberg/

CARTOON

KAPITEL 3

ALTES SPEYER – TOTE KAISER UND ANDERE VERBLICHENE

Es hätte so ein schöner Tag werden können.

Manche Tage begannen harm- und ereignislos. Mit einer fadenscheinigen Ausrede hatte ich heute Morgen die Lagebesprechung in unserer Dienststelle geschwänzt. KPD nutzte diese sowieso jedes Mal ausschließlich zur Selbstbeweihräucherung und dem Hinweis auf seine absurde Verbrechensstatistik, die jedem Mathematiker, der weiter als bis zehn zählen konnte, die Haare sträuben ließen. Mit dem Hinweis auf eine verdeckte Ermittlung in der Gastronomieszene verabschiedete ich mich von meinen Kollegen und fuhr zu dem für mich überlebenswichtigen Speyerer Kultimbiss Curry-Sau. Seit Jahren rätselte ich um die geheimen Zutaten der genialen selbst gemachten Mayonnaise und der Cheeseburger-Soße.

Als ich nach der zweiten, oder war es bereits die dritte Bestellung, eine kleine Verschnauf- und Verdauungspause einlegte, hielt ein älterer Pick-up direkt vor dem Imbiss. Während ich über die Massen an Kunststofffolien auf dem Transporter staunte, stieg ein alter Bekannter aus.

»Hallo, Herr Palzki!«, begrüßte mich Marco Fratelli lachend und streckte mir die Hand hin.

Fratelli war Geschäftsführer des Peregrinus Verlags, der die Kirchenzeitung ›Der Pilger‹ herausgab. Vor einer

Weile wurden auf Fratelli und seinen Chefredakteur mehrere Anschläge verübt.

»Was wollen Sie dieses Mal verhüllen?«, fragte ich ihn, da ich wusste, dass er, von Verpackungskünstler Christo inspiriert, den Speyerer Dom und das Mannheimer Barockschloss mit fast unendlich vieler Folie verpackt hatte.

Fratelli bestellte sich etwas zu essen, bevor er antwortete. »Das hat sich zu einem schönen Hobby entwickelt, Herr Palzki. Als Nächstes will ich etwas versuchen, was noch nie jemandem gelungen ist.«

»Einen Lehrer von einem Fehler überzeugen?«

»Nein«, winkte er ab und lachte dabei. »Zaubern kann ich leider nicht. Ich werde den Rhein verhüllen!«

Dass Fratelli einen noch normal zu nennenden Spleen hatte, wusste ich. Dass er sich zu einem superlativen Spleen entwickelte, war mir neu.

»Aha«, antwortete ich vorsichtig. »Die Folien sind wasserdicht, oder?«

»Sicher doch. Ich bekomme demnächst auch einen Auftrag aus Bad Dürkheim, das ist aber noch streng geheim. Sie sehen, ich bin dick im Geschäft mit meinen Folien.«

Ich überlegte, wie ich Fratelli überzeugen konnte, das Büro von KPD blick- und luftdicht sowieso zerstörungssicher zu verpacken. Natürlich nur, wenn mein Chef sich in seinem Büro aufhielt.

»Wissen Sie was, Herr Palzki?«, unterbrach er mich in meinen bösen aber durchaus gerechten Gedanken, »wenn Sie ein paar Minuten Zeit haben, fahre ich mit

Ihnen kurz zum Rhein runter. Dann zeige ich Ihnen, was ich vorhabe.«

Ich wägte ab: KPD oder Fratelli. Nach dem Kantersieg stieg ich kurzerhand zu ihm in den Pick-up. Zwei Minuten später fuhren wir hinter dem Deich am Rhein in Richtung Dom entlang. Links ging es zum Sealife, das ich mit meinen Kindern schon häufiger besucht hatte, aber noch nie so richtig genießen konnte, weil Paul und Melanie jedes Mal viel zu schnell durch die optisch genial gestalteten Aquarienräume hetzten. Das lag daran, dass den Besucher hinter jeder Ecke Neues erwartete und die Neugier im Unterbewusstsein weitertrieb. Erwachsene konnten den Verlockungen meist eher widerstreben und den Anblick der einzelnen Fischwelten längere Zeit genießen, bevor es in den nächsten Raum ging. Nur eines störte mich bisher bei meinen Besuchen: Die wenig abwechslungsreiche vor sich hindudelnde Musik aus den Deckenlautsprechern ging mir nach einer Weile ziemlich auf die Nerven. Ansonsten war alles einfach perfekt.

Fratelli bog nach links ab und fuhr zum Alten Hammer, einem regional sehr bekannten Biergarten nebst Restaurant direkt am Ufer des Rheins. Er parkte nicht ganz gesetzeskonform in unmittelbarer Flussnähe. »Ich kann Ihnen schließlich keinen langen Fußweg zumuten«, meinte er zur Begründung. Hatte ich schon erwähnt, dass ich Fratelli trotz seines Spleens sehr sympathisch fand?

Am Ufer angekommen, zeigte er in südlicher Richtung auf die Rheinbrücke, die von Speyer ins badische

Ausland führte. »Die Brückenpfeiler werden mein Startpunkt für die Verhüllungsaktion. Dieses Mal sind es verstärkte LKW-Planen, die wesentlich reißfester sind. Davon habe ich schließlich noch einen riesigen Vorrat. Meine Berechnung ergab, dass ich damit den Rhein bis zur Autobahnbrücke der A 61 komplett bedecken kann.«

Wahnsinn, dachte ich. Ob das gut geht? »Brauchen Sie da nicht tausend Genehmigungen? Was ist mit dem Schiffverkehr?«

Der Geschäftsführer verzog sein Gesicht, als hätte er in eine Zitrone gebissen. »Da haben Sie einen wunden Punkt getroffen. Ich hätte nicht gedacht, dass die Genehmigungen so aufwendig sind. Aber nachdem ich im Stadtrat vorgerechnet habe, wie viele zusätzliche Touristen kommen, sind die Stadtoberen gar nicht mehr so ablehnend gegenüber meinem Projekt eingestellt.«

»Touristen? Denken Sie, dass zu Ihrer Rheinverhüllung Touristen kommen?«

Fratelli grinste. »Sie wissen noch nicht alles, Herr Palzki. Die Planen werden bedruckt sein, und zwar mit einem Wald aus der Vogelperspektive. Stellen Sie sich mal vor, wie das dann aus der Luft aussieht.«

»Speyer wäre ziemlich rheinlos, oder?«

»Genau, Herr Palzki. Speyer würde während dieser Aktion nicht am Rhein liegen. Verrückt, oder?«

»Ja«, antwortete ich und meinte es auch so.

»Das wird in diesem Jahr das größte temporäre Kunstwerk in Europa.«

Klar, mit Kunst konnte man alles erklären. Ich erinnerte mich, wie man vor ein paar Jahren sogenannte Kunstwerke von ein paar Affen mit Fingerfarben malen ließ und diese dann in einer Ausstellung als Bilder eines afrikanischen Künstlers zeigte. Die Ausstellung erntete viel positive Kritik und einige Bilder wurden zu hohen Preisen verkauft. Die Welt, von mir abgesehen, war schon verrückt, nicht nur Fratelli.

Fratelli verlor von einer Sekunde auf die andere seine Fröhlichkeit. Er schien mit sich selbst zu ringen. Irgendwann begann er stotternd: »Herr, äh, Palzki. Ich weiß nicht, wie ich es sagen soll …«

Beinahe hätte ich den dummen Spruch »dann sing's doch« gesagt, konnte mich aber glücklicherweise beherrschen. Er hätte es vielleicht für bare Münze genommen.

»Ihre Ermittlungen an Ostern in Sachen Bischöfliches Ordinariat haben mich dermaßen inspiriert, dass ich mich auch als Detektiv versucht habe. So wie ihr Freund Dietmar Becker.«

Fast wäre vor Schreck mein Unterkiefer auf den Boden geknallt. Dietmar Becker, von Beruf Student, schrieb nebenberuflich als Journalist für Zeitungen. Dem nicht genug, versuchte er sich als Detektiv zu etablieren. Dabei kam er mir in der letzten Zeit bei meinen Ermittlungen ständig in die Quere. Dummerweise veröffentlichte Becker all seine Erlebnisse in Buchform als Regionalkrimis. Nachdem ich ihm einmal zufällig das Leben rettete, hatte er als Dank seinen fiktiv ermittelnden Kommissar in Reiner Palzki umgetauft. Seitdem verbrachte ich nicht unwesentliche Teile meiner Lebenszeit damit, allen möglichen Menschen zu erklären, dass ich mit dieser fiktiven Person, auch wenn sie meinen Namen trug, nicht das Geringste gemeinsam hatte.

»Becker ist nicht mein Freund«, antwortete ich nicht sonderlich freundlich, ahnte ich doch größeres Ungemach.

»Wie auch immer«, sagte er. »Ich glaube, ich habe in ein Wespennest gestochen.«

»Nicht umsonst stehen die Viecher unter Naturschutz.«

»Das meinte ich doch bloß sinnbildlich, Herr Palzki. Ich vermute, dass bei uns in Speyer im Moment eine Riesengaunerei läuft.«

»Wäre das nicht was für die Polizei?«

Fratelli glotzte mich mit großen Augen an. »Mit wem rede ich denn gerade? Oder wollen Sie mir empfehlen, mich an Ihren Chef zu wenden?«

Mit diesem Argument hatte er natürlich recht. Wer, wenn nicht ich, gab ich mir selbst die Antwort. Damit könnte ich sogar in offiziellem Auftrag den ganzen Tag der Dienststelle fern bleiben.

»Alla Hopp«, stimmte ich in bestem pfälzisch zu. »Jagen wir den Mörder.«

»Mörder?« Fratelli stutzte. »Meinen Sie wirklich?«

»Man muss nur tief genug graben, jeder Bürger hat seine Leichen im Keller. Gewöhnlich beginnt es mit einem leichteren Vergehen, Manipulierung der Steuererklärung oder das Schütten von Buttersäure in den Garten des ungeliebten Nachbarn. Das schaukelt sich dann hoch bis zum Kapitalverbrechen. Ich kenne mich da aus, Herr Fratelli. Ich schätze, dass rund ein Drittel der Bevölkerung latente Mörder sind. KPD würde sogar noch ein paar mehr Drittel schätzen.«

Fratelli war von meiner Rede tief beeindruckt. Wir stiegen in seinen Pick-up und fuhren um den Speyerer Festplatz. Im Hintergrund sahen wir das Technik Museum, eines der wenigen Museen, für die ich meine Kinder begeistern konnte. Mir persönlich gefielen insbesondere die Raumfahrtabteilung und das IMAX-Kino. Eine Kurve weiter und wir fuhren an der Seitenfront des Historischen Museums vorbei. Als Kind empfand ich die Ausstellungen als langweilig und staubig, inzwischen hatte sich dort vieles verändert. Insbesondere die wechselnden Sonderausstellungen, sowohl für Erwachsene als auch für Kinder waren immer sehr liebevoll gestaltet und informativ. Ein paar Meter weiter kam auf der anderen Seite der Dom, der bei der jüngeren Bevölkerung fast so bekannt wie die Curry-Sau war.

Wenig später fuhren wir in den Hof des Klosters St. Magdalena, das bis vor ein paar Jahren eine Grundschule beherbergte. Inzwischen gibt es in anderen, neu renovierten Räumen wieder eine Grundschule, dieses Mal als Tagesschule. Im ehemaligen Lehrertrakt residierte nun der Peregrinus Verlag. Die Ungeheuerpflanze, die an Ostern bei meinen Ermittlungen zu einem kleinen, aber nicht erwähnenswerten Knockout führte, stand unverändert im Empfangsraum. Fratelli begrüßte die anwesenden Mitarbeiter und ging mit mir in sein Büro.

»Kommen Sie«, sagte er zu mir und zeigte auf den großen Monitor auf seinem Tisch, »ich zeige es Ihnen am Computer.«

Er startete www.kaiserdom-virtuell.de , ein Projekt seines Verlages. Jeder, der über einen Internetzugang verfügte, konnte sich 360-Grad Innen- und Außenansichten des Doms in hoher Qualität anschauen. Der Geschäftsführer schaltete auf einen Startpunkt, der zwischen Dom und Rhein lag.

»Hier sehen Sie den östlichen Domgarten, Herr Palzki. Können Sie den Turm mit der Außentreppe erkennen?«

Natürlich sah ich ihn, außerdem war er mir bekannt.

»Den nennt man Heidentürmchen. Zusammen mit dem Altpörtel ist er der Einzige von ehemals 21 Türmen der Stadtmauer im Innenstadtbereich. Insgesamt sollen es sogar 68 gewesen sein.«

»So viel?« fragte ich und tat dabei erstaunt, obwohl mich die Sache nicht im Geringsten berührte. »Kann man da rein?«, fragte ich Interesse heuchelnd.

»Normalerweise ja«, antwortete er. »Zumindest Historiker dürfen den Turm betreten. Im Moment ist er aber gesperrt.«

»Aha!« Mehr fiel mir dazu nicht ein.

»Es sieht aus wie eine städtische Baustelle.«

»Ist es denn anders?«

Der Peregrinus-Chef schaute auf seine Uhr. »Der Zeitpunkt ist günstig. Haben Sie Lust auf einen kleinen Spaziergang?«

Ich versuchte, der Nötigung zu entgehen. »Können wir nicht mit Ihrem Wagen hinfahren? Dann können

Sie gleich den Domgarten vermessen, vielleicht lässt der sich auch verhüllen.«

Er ging auf meinen Vorschlag nicht ein. »Kommen Sie, es sind nur ein paar Meter. Mit dem Auto kommt man sowieso nicht hin.«

So schnell konnte sich das Blatt wenden. Im Schifferstadter Büro könnte ich entspannt sitzen und auf meinen Stapel leerer Pizzakartons starren. Stattdessen musste ich mit Fratelli den hohen Domberg besteigen. Selbstverständlich gab ich mir keine konditionsmäßige Blöße.

»Gleich kommen wir zum Heidentürmchen«, flüsterte mir Fratelli zu. »Am besten, wir tun so, als wären wir zufällige Passanten.«

Die Außentreppe, die augenscheinlich der einzige Zugang zu dem Turm war, hatte man mit hohen Metallgitterzäunen abgesperrt. Mehrere Arbeiter im Blaumann standen auf der Treppe beziehungsweise dem horizontalen Freigang, der zur Turmtür führte und schienen etwas zu vermessen.

»Na?«, fragte mich Fratelli, nachdem wir außer Hörweite waren. »Haben Sie bemerkt, dass da was nicht stimmt?«

Ich hatte. »Städtische Arbeiter, die mittags um Halbeins arbeiten, das ist mehr als ungewöhnlich.«

»Sie sind halt vom Fach, Herr Palzki. Normalbürger würden so etwas nicht registrieren. Ich war gestern früh auf der Lauer gelegen. Es sind insgesamt sieben Personen, die sich im oder vor dem Turm aufhalten. Immer sind es drei, die draußen sind und so tun, als würden sie etwas vermessen. Ich schätze, dass es Aufpasser sind, denn sie tun den ganzen Tag immer das gleiche. Außerdem habe ich bisher noch nicht beobachten können, dass Bau- oder sonstiges Arbeitsmaterial angefahren wurde. Es stehen nicht einmal städtische Fahrzeuge in der Nähe.«

»Haben Sie mal bei der Stadt angefragt?«

»Um Himmels willen, Herr Palzki. Ich will keine schlafenden Hunde wecken. Den Fall will ich allein lösen. Das heißt, gemeinsam mit Ihnen.« Er zeigte in westliche Richtung zum Dom. »Es gibt die Legende, was heißt Legende, es ist eher ein Gerücht, dass es von der Apsis des Domes – Sie wissen doch, was die Apsis ist?«

Ich nickte und hoffte, einigermaßen glaubwürdig zu erscheinen. Apsis, war das nicht ein alkoholartiges Getränk?

»Von dort soll es einen unterirdischen Gang zum Heidentürmchen geben. In der französischen Besatzungszeit vor 200 Jahren sollen durch diesen Gang wertvolle liturgische Gegenstände in Sicherheit gebracht worden sein. Der Turm liegt auch ziemlich genau in der Flucht zwischen Dom und Rhein.«

»Hat man da nicht längst nachgeforscht?«

»Sicher, Herr Palzki. Aber der Denkmalschutz hat auch ein Wörtchen mitzureden. Ich habe mal in eigener Regie nachgeschaut. Unter der Sakristei befindet sich ein Lager, in dem alles Mögliche liegt, was irgendwann mal gebraucht wurde. Es gibt dort einen direkten Zugang zum östlichen Teil der Krypta. Der ist natürlich verschlossen. Dieser Zugang führt durch eine mindestens drei Meter dicke Mauer. Man könnte meinen, es handelte sich um das Fundament des südöstlichen Turmes. Aber wenn man genau hinschaut, erkennt man eine zugemauerte Tür. Das sieht zwar uralt aus, aber irgendetwas war dort.«

Indiana Jones hätte dieses Problem sicherlich leicht gelöst, doch für den Geschäftsführer eines kirchlichen Verlags waren solche rabiaten Methoden nicht opportun.

»Und wie sieht es im Heidentürmchen aus? Gibt es dort einen Eingang?«

»Da ist doch alles abgesperrt. Dadurch kam ich erst auf die Idee, nachzuforschen und alte Quellen zu durchstöbern. Ich vermute, dass jemand den Zugang gefunden hat und nach wertvollen Schätzen sucht.«

Ohne Zweifel, der Geschäftsführer hatte mich neugierig gemacht. Anbetracht der Ergebnisse meiner kirchlichen Ermittlungen an Ostern klangen Fratellis Überlegungen durchaus glaubhaft und logisch. Da wir nicht einfach in der Domkrypta die zugemauerte Tür öffnen konnten, mussten wir in das Heidentürmchen hinein. Und ich wusste auch schon wie.

Zunächst vertröstete ich Fratelli auf den morgigen Tag. Am liebsten wäre er natürlich sofort losgeprescht, doch er sah ein, dass der Erfolg eines solchen Schnellschusses mehr als zweifelhaft sein würde.

»Haben Sie eine Idee, wie wir in den Turm kommen?«, fragte er mich zum Abschied.

»Selbstverständlich. Allerdings kostet das ein wenig Vorbereitungszeit und zwei oder drei Kollegen muss ich einweihen. Keine Angst, KPD wird wie immer von nichts erfahren.«

Auf der Schifferstadter Dienststelle hatte mich keiner vermisst. »Du bist ja schon wieder da«, meinte mein

Kollege Gerhard lakonisch, der gerade seine Kaffeemaschine entkalkte.

»Ich brauch mal eure Hilfe« sagte ich zu ihm. »Lass uns rüber zu Jutta gehen.«

Jutta Wagners Büro hatte sich in letzter Zeit als Treffpunkt für kleinere Teamtreffs etabliert.

Jutta, die mit einem Stapel Akten an ihrem Besprechungstisch saß, war über unser Kommen ebenso erstaunt. Schnell legte sie den Stapel Akten auf ein Regal, dennoch sah ich die Illustrierten herausspitzeln.

Ich spielte mit offenen Karten und erzählte meinen beiden Kollegen alles. Mein Plan lag, rein rechtlich gesehen, in einer polizeilichen Grauzone, zumindest wenn man den Plan zu meinen Gunsten bewerten würde.

»Anders kommen wir da nicht rein«, schloss ich meinen Bericht. »Ich gehe zwar nicht von Schusswaffengebrauch aus, ausschließen kann man das aber nicht.«

»Und wenn das KPD mitkriegt?«, fragte die vorsichtige Jutta.

Ich winkte ab. »Das interessiert den doch nicht.«

Nach einem Blick zur Uhr gab sich meine Kollegin zufrieden. »Dann sollten wir gleich beginnen, damit das alles zeitlich hinhaut. Soll ich anrufen?«

*

»Was ist das denn?«, rief Fratelli erstaunt, als ich ihn mit Gerhard und Jutta am nächsten Tag in seinem Büro aufsuchte. »Sie sind ja in Uniform!«

Er schenkte den Hardcore-Kaffeetrinkern Gerhard

und Jutta aus seiner Kanne, dessen Inhalt mindestens so stark war wie die Sekundentodmischung meiner Kollegen, ein.

»Wir sind Polizeibeamte, Herr Fratelli.«

Der Verlagsgeschäftsführer zog eine enttäuschte Miene auf. »Egal, was Sie planen, Herr Palzki. Wir müssen es verschieben.«

»Warum denn?«, hakte ich scheinheilig nach und grinste in mich hinein.

»Der Domgarten wird zurzeit evakuiert. Gestern Nachmittag wurde eine Weltkriegsbombe gefunden, die nachher entschärft wird.«

»Was für ein Zufall«, entgegnete ich. »Das will ich mir anschauen. Kommt ihr mit?« Mit einem Blick zu meinen Kollegen ergänzte ich: »Seid ihr gut zu Fuß?«

Bereits nördlich des Domes war alles abgesperrt. Ein junger Beamter stand als Sicherheitsposten am Absperrband.

»Ist das Gelände geräumt?«

Der Beamte nickte, auch wenn wir uns nicht kannten. »In einer Viertelstunde soll die Entschärfung beginnen.«

»Danke«, sagte ich zu ihm. »Wir gehören zum Entschärfungstrupp.« Ohne einen weiteren Kommentar hob ich das Absperrband hoch und ließ die anderen drunter durchschlüpfen.

»Ist das nicht gefährlich, Herr Palzki?« Fratelli hatte die Sache noch nicht kapiert.

»Nicht die Bohne«, antwortete ich. »Die Bombe gibt es nur in der Fantasie.«

»Aber, das war doch in der Zeitung gestanden.«

»Eine Ente«, antwortete ich und lief weiter in Richtung Heidentürmchen. Wie erwartet, war niemand zu sehen.

Gerhard hatte die ganze Zeit in ein Funksprechgerät gesprochen. »Alles klar«, sagte er, nachdem er sein Gespräch beendet hatte, »es sind sieben Personen aus dem Bereich des Heidentürmchen hinter die Absperrung auf dem Festplatz gebracht worden.«

Fratelli bekam glänzende Augen. »Das bedeutet, dass niemand mehr hier ist.«

»Von uns mal abgesehen.« Ich ging voran. Die erste Gittertür am Boden war nur mit einem billigen Vorhängeschloss abgesperrt, was uns keine Minute kostete. Der Turmzugang war hartnäckiger gesichert. Doch mit meinem Schlüsselbund »Open-All« war auch diese Schwierigkeit in kurzer Zeit gemeistert. Fratelli zappelte wie ein kleiner Schuljunge herum.

»Nach oben oder nach unten?«, fragte ich aufgrund der beiden Möglichkeiten innerhalb des Turms.

»Nach unten natürlich«, beschloss Fratelli und ich ließ ihm den Vortritt.

Die Treppe endete in einem kleinen Kellervorraum.

»Hab ich es doch gewusst«, meinte der einzige Zivilist unter uns und zeigte auf ein paar alte Knochen und ein Loch, das höchstens zwei Meter waagerecht in die Wand reichte.

»Ein bisschen klein für einen Fluchtstollen«, stellte ich fest.

»Das muss natürlich erst alles freigelegt werden«, ereiferte sich Fratelli. »Nach zweihundert Jahren sieht das nicht mehr aus wie neu.«

Aufgrund des unspektakulären Fundes kam bei mir eine gewisse Skepsis auf. Klar, die menschlichen Skelettteile schienen ziemlich alt zu sein, auch ein wenig antiker Schmuck lag herum. Waren diese geheimnisvollen Männer wirklich dabei, einen Stollen freizulegen?

»Komm mal rüber«, rief Jutta aus dem zweiten Nebenraum.

Was wir sahen, verpasste uns einen Schock. Auf kleinen Beistelltischen standen hochmoderne Computer und andere technische Gerätschaften, die nach viel Geld aussahen.

»Was ist das? Ein geheimes Rechenzentrum?« Ich war mir einen Moment unsicher, ob ich nicht träumte.

Jutta und Gerhard untersuchten die modernen Geräte. Immer wieder schüttelten die beiden fassungslos ihren Kopf. Schließlich deutete Jutta auf ein armdickes Kabel, das aus einer Wandseite herauskam und in der gegenüberliegenden verschwand. Die Isolierung war teilweise entfernt und viele kleine Drähte, oder waren es Glasfasern?, lugten hervor und waren mit anderen Drähten verbunden, die in den Computern mündeten.

»Herr Fratelli, Ihre Theorie scheint widerlegt zu sein«, resümierte Jutta. »Das hier sieht mir nach Geheimdienstarbeit aus. Vermutlich läuft über dieses Kabel die gesamte Speyerer Internetkommunikation.«

25 Der Kultimbiss Curry-Sau ist bei der jüngeren Bevölkerung bekannter als der Dom. Adresse: St.-Guido-Stifts-Platz 13, 67346 Speyer.
http://currysau.de

26 Der Kaiser- und Mariendom ist die größte erhaltene romanische Kirche der Welt. Seit 1981 steht er auf der UNESCO-Liste des Weltkulturerbes. Hochauflösende 360-Grad-Fotos:
www.kaiserdom-virtuell.de

27 Das Sealife: Haie, Seepferdchen, Rochen und vieles mehr! Adresse: Im Hafenbecken 5, 67346 Speyer
http://www.visitsealife.com/speyer

28 Der Alte Hammer ist Speyers ältester Biergarten (1919) und liegt direkt am Rhein. Adresse: Leinpfad 1c, 67346 Speyer
http://www.alter-hammer.de

29 Das Brezelfest auf dem Festplatz neben dem Dom findet jährlich Mitte Juli statt.
http://www.brezelfest-speyer.de

30 Das Technik-Museum Speyer präsentiert auf 25.000 Quadratmetern und viermal so großem Freigelände technische Konstruktionen aus dem Fahrzeug- und Flugzeugbau. Angebunden ist außerdem ein IMAX-Filmtheater.
http://speyer.technik-museum.de/

31 Auf einer Fläche von knapp 8000 Quadratmetern präsentiert das historische Museum der Pfalz die Geschichte der Region von der Urgeschichte über die römische Antike bis in die Neuzeit. Oft gibt es Sonderausstellungen, die insbesondere von Kindern gern angenommen werden.
http://www.museum.speyer.de/

32 Das Kloster St. Magdalena ist ein Kloster der Dominikanerinnen in Speyer. Interessant ist das Edith-Stein-Museum. Adresse: Kloster St. Magdalena, Hasenpfuhlstraße 32, 67346 Speyer
http://www.kloster-st-magdalena.de/

33 Das Altpörtel war ein Stadttor der Stadt Speyer. Mit einer Höhe von 55 Metern ist es eines der höchsten Stadttore Deutschlands.
http://www.speyer.de
Schauen Sie unter Tourismus/Sehenswürdigkeiten

34 Das Heidentürmchen im Domgarten wurde um das Jahr 1281 erbaut und ist neben dem Altpörtel der einzige von ehemals 21 Türmen des inneren Stadtmauerrings.
http://www.dom-speyer.de

CARTOON

KAPITEL 4

SPARGELSTECHER IN SCHWETZINGEN UND ANDERE UNHOLDE

Nobody is perfect – Von mir mal abgesehen.

Leute, Leute, ihr glaubt mir bestimmt nicht, was ich heute erlebt habe. Dabei begann alles ganz harmlos. Obwohl, harmlos ist vielleicht doch eine Nuance übertrieben.

Kurz nach dem Aufstehen, es war erst kurz vor 12, fuhr ich zwecks Besorgung des Frühstücks zum Schifferstadter Imbiss Caravella. Um Kritikern gleich entgegenzuwirken: Früher aufstehen macht für mich wenig Sinn, da das Caravella erst kurz nach 11 öffnet. Ich parkte wie immer auf dem kleinen Platz vor dem Imbiss, der gerade groß genug ist, um mein Reisemobil aufzunehmen. Doch heute hatte frecherweise jemand seinen PKW darauf abgestellt, was mich, trotz meiner Sanftmut, sehr erboste. Verschärfend kam hinzu, dass es sich nicht um das Versehen eines Ortsunkundigen handelte, denn den Wagen kannte ich genau. Auch wenn mir unklar war, wieso der Fahrer überhaupt einen Führerschein besaß. Wahrscheinlich wurde er von seiner Behörde, bei der er arbeitet, gedeckt. Da kommen wir zum nächsten wunden Punkt: Bei der Behörde handelte es sich um die hiesige Kriminalpolizei und der Wagen gehörte niemand anderem als dem völlig abgedrehten Polizeibeamten Reiner Palzki. Hatten Sie schon mal das Vergnügen mit diesem Herrn? Nein? Seien Sie froh, einmal in seinen Fängen und Sie werden Ihr Lebtag nicht mehr glücklich. Und wenn es ganz dumm läuft, taucht noch der Student Dietmar Becker auf und ehe Sie es sich versehen, tauchen Sie in einem fiktiven Regionalkrimi als Witzfigur auf. Wenn Palzki nicht so einen charmanten und charismatischen Vorgesetzten hätte, der ihn immer wieder aus der Kloake zog, wäre Palzkis Name längst vergessene Geschichte. Diefenbach musste einen Narren an seinem Untergebenen gefressen haben, wobei ich mir nicht vorstellen konnte, warum. Kritisieren konnte ich Palzkis Chef Diefenbach deswegen nicht, denn ich war auf ein unbelastetes Verhältnis zu ihm angewiesen. Wie oft hatte er meine kleinen persönlichen Anliegen, wie zum Beispiel den Umgang mit erhaltenen Bußgeldern bis hin zu Strafbefehlen, wohlwollend gelöst? Tja, ohne Netzwerk kann eine herausragende Persönlichkeit wie ich in der Metropolregion nicht überleben.

Aber dieser Palzki, der vermieste die ganze Atmosphäre in der Kurpfalz. Ständig lief er mir über den Weg, angeblich um Verbrecher zu schnappen. Für wahrscheinlicher halte ich, dass ihn Diefenbach mit irgendwelchen hanebüchenen und erfundenen Ermittlungsaufträgen im Außendienst von der Dienststelle fernhielt, damit er wenigstens in der Zentrale kein Chaos anstellen konnte.

Mir blieb nichts anderes übrig, als Palzkis Wagen in zweiter Reihe zuzuparken. Das wäre noch schöner, wenn ich wegen dem Kerl woanders parken müsste.

Er war der einzige Kunde im Imbiss und grüßte mich sofort.

»Guten Morgen, Herr Dr. Metzger. Heute sind Sie aber zeitig auf. Haben Sie schon operieren müssen?«

Ich winkte lässig ab. »Heute ist Cabrio-Spezial-Tag.«

Wie zu erwarten, setzte er einen dämlichen Gesichtsausdruck auf und schöpfte rhetorisch aus dem Vollen:

»Hä?«

»Oh, Sie können ja sprechen, Palzki!« Ich grölte bewusst etwas lauter, was den Imbissbesitzer dazu veranlasste, das kleine Schiebefenster zwischen Gastraum und Küche zu schließen und hastig eine Telefonnummer zu wählen.

»Was meinen Sie mit Cabrio?«, wollte Palzki wissen. Flüchtig schaute er nach draußen und blickte auf mein Reisemobil.

»Sie blockieren meinen Parkplatz!«, klärte ich ihn auf. »Heute bekommt jeder, der mich nervt, kostenlos ein Cabrio. Warten Sie, bis ich das Frühstück habe, dann hole ich die Flex aus meinem Wagen. Zehn Minuten, länger brauche ich nicht.«

Wie immer tat der Kommissar so, als würde ich ihn nerven. Dabei war es genau umgekehrt. Herablassend antwortete er: »Heute parke ich hier. Wer zuerst kommt, mahlt zuerst.«

Gerade als ich ihn zur Ordnung rufen wollte, ging ein Piepser in seiner Jackentasche los. Er stieß ein kurzes ›Scheiße‹ aus, gefolgt von ›ausgerechnet jetzt‹ und rannte nach draußen zu seinem Wagen.

Ich gebe zu, eine Eigenschaft konnte man mir vorhalten, die nicht mit meiner altruistischen Lebensweise konform geht: Neugier. Die Neugier hat einen ganz pragmatischen Grund: Vielleicht war irgendwo in der Nähe ein Unglück passiert. Wenn ich mich an Palzki hängen würde, käme ich vielleicht vor den offiziellen Vertretern meiner Zunft am Tatort an und könnte ein paar Privatbehandlungsverträge abstauben. Auch akute Unfallopfer waren längst auf günstige Preise fixiert. Selbst einfache Kassenpatienten, die ich früher aus wirtschaftlichen Gründen gemieden habe wie der Teufel das Weihwasser, überzeugte ich inzwischen mit meinen weltweit einmaligen Behandlungs- und Kostenmodellen. Ein Organcheck gehört beispielsweise bei all meinen Medi-Morta-Paketen dazu. Für jüngere Kunden, die sich noch nicht so mit dem Gesundheitswesen auseinandergesetzt haben, beziehungsweise noch kein Abonnent der Rentner-Bravo, also der Apotheker-Rundschau waren, legte ich gewöhnlich eine halbe Stunde kostenlosen WLAN-Zugang am Unfallort hinzu, damit sie ihre Schnappschüsse aus erster Hand gleich bei Facebook posten konnten. Mit diesem beispiellosen und zeitgeistigen Argument überzeuge ich meine jüngere Kundschaft, die mit den Begriffen Wählscheibentelefon und Mittelwelle nichts mehr anzufangen wusste.

Trotz leerem Magen folgte ich Palzki ins Freie. Ich hörte gerade noch wie er ›Ich komme sofort‹ in sein Funkgerät schrie. Danach legte er es in seinem Wagen ab und stieg aus. Mit verklärtem Blick stand er da und stierte auf mein Reisemobil. Mir war sofort klar, dass er nun von mir verlangen würde, mein Gefährt wegzufahren. Eine dumme Pattsituation, gestand ich mir ein.

Doch Palzki hatte ein noch größeres Problem, wie ich nun erfuhr.

»Dr. Metzger, ich brauche Ihre Hilfe.«

Ich konnte mir ein gehässiges Lachern nicht verkneifen. »Wo brennt denn der Kittel? Eine kleine Mandeloperation to go gefällig? Oder ist mal wieder der Blinddarm gereizt?«

Palzki stand stumm da und zeigte auf mein Reisemobil.

»Ach so«, tat ich begriffsstutzig. »Stehe ich Ihnen im Weg?«

Palzki schüttelte den Kopf. »Das ist mir im Moment egal.«

»Ich wusste nicht, dass Sie einen Tschitti Tschitti Bäng Bäng fahren, der fliegen kann.«

»Hä?«, wiederholte Palzki.

»Wo liegt Ihr Problem, Palzki? Können Sie mich verstehen?«

Mein Gegenüber echauffierte sich, bevor er antwortete. »Ich muss dringend zur Kollerinsel, aber mein Tank ist fast leer.«

Ich muss zugeben, dass ich auf vieles gefasst war. Dies zählte allerdings nicht dazu. »Und wie wäre es mit tanken? Ganz in der Nähe gibt es ungefähr drei Tankstellen. Liegen alle auf dem Weg.«

»Das nützt mir nichts«, grummelte Palzki. »Diefenbach hat uns verboten, die Dienstwagen in Schifferstadt zu tanken. Das dürfen wir nur noch in Speyer bei einem seiner Kumpel, dem eine Tanke gehört.«

»Dann fahren Sie halt nach Speyer, wo liegt da das Problem?«

»Dass ich dann zu spät komme, verstehen Sie?« Er überlegte einen Moment. »So wie die Sache aussieht, muss ich leider Ihr Reisemobil konfiszieren. Die Sicherheit der Bevölkerung geht vor.«

Sie können sich bestimmt vorstellen, wie heftig ich gegrölt habe. Palzki wollte mein heiß geliebtes Krankenhaus auf Rädern konfizieren, welch ein Witz! Dennoch, als ich über die Sache nachdachte, brachte mir die neue Situation eigentlich nur Vorteile.

»Los, steigen Sie ein, Palzki«, schrie ich ihn an und zeigte zur Beifahrertür. »Ich spiele Chauffeur, mit so einem großen Gefährt wären Sie doch nur hoffnungslos überfordert.«

Er gehorchte, was blieb ihm auch anderes übrig.

»Zur Kollerinsel müssen wir?«, fragte ich zur Sicherheit nach.

Die linksrheinische Kollerinsel war eigentlich eine Halbinsel, die man auf dem Landweg nur über Otterstadt erreichte. Das besondere daran war, dass die Kollerinsel mitnichten zu Rheinland-Pfalz gehörte, wie fast alle meinten. Neben einem Teil der Konstanzer Altstadt war die Halbinsel der einzige linksrheinische Teil, der zu Baden-Württemberg gehörte. Irgendein Gebietstausch in früherer Zeit war dafür verantwortlich. Dabei wurde die Halbinsel dem Örtchen Brühl zugeschlagen, dessen Name man schon öfters im Zusammenhang mit der Sportart Tennis gehört hatte.

»Mit wie vielen Verletzten kann ich rechnen?«, fragte ich meinen Beifahrer höflich, als wir Schifferstadt hinter uns gelassen hatten. Grundsätzlich hatte ich immer genug Verbandsmaterial und Arzneimittel dabei, im Notfall würde ich einfach mal wieder ein wenig improvisieren. Merkt ja keiner.

»Weiß doch ich nicht«, antwortete Palzki mit einem Kopfschütteln. »Wir müssen zur Rheinfähre.«

Klasse, das hörte sich nach einem größeren Unglück an. Vielleicht war ein Frachter in die Fähre gerammt? Ich überbot mich selbst mit immer größeren Schreckensszenarien. Leider nicht nur gedanklich.

»Mir Ihren Vermutungen dürften Sie Pech haben, Dr. Metzger. Meines Wissens wurde kein Katastrophenalarm ausgelöst. Wahrscheinlich hat nur eine Frau mit ihrem Wagen die Fähre verpasst und ist in den Rhein gefahren. Bei der Altriper Fähre hatten wir das bereits zweimal.«

Ich musste mich gedulden. Die Fahrt ging durch Waldsee und Otterstadt. Danach fuhren wir die einzige Zugangsstraße zur fast unbebauten Kollerinsel in Richtung Fähre. Diese hatte auf unserer Seite am Ufer festgemacht. Mehrere PKWs standen in der Zufahrtsgasse, die Fähre selbst war autoleer. Um längere Diskussionen zu vermeiden, schaltete ich das ohrenbetäubende Sondersignal ein und fuhr die Rampe runter direkt auf die Fähre, die mit einem lächerlich dünnen Plastikband abgesperrt war.

»Sind Sie verrückt?«, schrie Palzki, weil mein Reisemobil auf der unebenen Zufahrtsstrecke etwas ruckelte. »Müssen Sie so rasen? Gleich landen wir im Rhein!«

Das alles ging so schnell, dass sich eine Antwort erübrigte. Mit einer Vollbremsung brachte ich mein Reisemobil einigermaßen mittig auf der Fähre zu stehen. Der Fährmeister sprang ein paar Schritte zur Seite und starrte uns mit riesigen Augen an.

»Halli, hallo«, rief ich, nachdem ich die Fahrertür geöffnet hatte. »Ich bin der Bullenbote, wo brennts denn? Wen darf ich verarzten?«

Palzki, der Spielverderber, stieg ebenfalls aus und ging auf den Fährmeister zu und verwickelte ihn in ein Gespräch. Er zeigte auf mich und machte eine komische Wischbewegung vor seinem Gesicht. Was sollte diese Geste? Ich hatte doch gar keinen Scheibenwischer eingeschaltet. Der Fährmeister ging in seine Kabine und holte einen barrenähnlichen Gegenstand. Interessiert gesellte ich mich zu den beiden.

»Der Transporter hat diesen Goldbarren verloren«, sagte Palzkis Gesprächspartner. »Ich bin dem Wagen noch ein paar Meter nachgerannt, der Fahrer hat mich aber nicht registriert und ist auf der anderen Seite gleich losgefahren.«

Palzki betrachtete den Goldbarren. »Das ist keine offizielle Prägung, mit dem Teil stimmt etwas nicht. Haben Sie sich das Kennzeichen merken können?«

Der Fährmeister schüttelte den Kopf. »Das ging alles viel zu schnell. Als ich die Beförderungskosten kassierte, bemerkte ich aber einen Arbeitsauftrag, der auf dem leeren Beifahrersitz lag. Details konnte ich nicht erkennen, es hatte aber was mit dem Schwetzinger Schlossgarten zu tun.«

Ich unterbrach die unwichtige Unterhaltung. »Kommen Sie, Palzki, wir fahren wieder zurück. Hier gibt es weder ein Verbrechen noch Verletzte. Wir haben eine Niete gezogen.«

Er war leider nicht meiner Meinung. »Herr Dr. Metzger. Wir müssen nach Schwetzingen. Seit Wochen haben wir eine Sonderkommission gebildet, die sich mit dem Auftauchen von Falschgold in der Kurpfalz befasst. Allein im letzten Vierteljahr entstand ein sechsstelliger Schaden. Wir vermuten, dass echtes Gold gegen Falschgold ausgetauscht wird und das echte irgendwo versteckt wird. Solch eine heiße Spur hatten wir noch nie. Wir müssen nach Schwetzingen.«

Was blieb mir anderes übrig, als mit Palzki zum rechten Rheinufer überzusetzen und Schwetzingen zu suchen? Ich nahm mir vor, den einen oder anderen Barren als Gebühr für meine Fahrdienste zu berechnen.

»Wissen Sie, wo dieses Schwetzingen liegt, Palzki?«, fragte ich, als wir durch einen Wald und an zwei Weihern entlang fuhren.

»So ungefähr«, antwortete er. »Südlich von uns liegt die Ketscher Rheininsel. Diese Straße sollte nach Brühl führen. So groß wird der Ort nicht sein und nebenan liegt irgendwo Schwetzingen.«

Leider war Brühl größer oder zumindest verwinkelter, als wir dachten. Im Nu hatte ich die Orientierung verloren.

»Da drüben ist die Villa Meixner«, schrie Palzki plötzlich. »Da war ich schon mal.«

»Und wie geht es jetzt weiter?« So langsam verlor ich die Lust an diesem rumgekurve.

»Da lang, glaube ich.«

Wir fuhren eine Brücke über die Autobahn. »Da links runter und dann rechts.«

»Mensch Palzki, gleich fallen wir vom Erdrand runter. In der Gegend war ich noch nie.«

»So ganz sicher bin ich mir nicht«, meinte Palzki nachdenklich. »Da vorn geht's rechts nach Ketsch. Das liegt neben Schwetzingen. Fahren Sie da mal rein, Dr. Metzger.«

Ich tat wie geheißen, auch wenn ich noch nie zuvor in Ketsch war. »Wo sind wir hier gelandet?« Ich zeigte auf ein Straßenschild: »Brustkaramellengasse« und bog rechts ab.

»Hier war ich auch schon mal«, sagte auf einmal Palzki mit einem Lächeln. »Ganz in der Nähe ist der Carl-Ludwig-See. Jetzt kann es nicht mehr weit sein. Wenn wir noch die Bertha-Benz-Memorial-Route finden, haben wir es geschafft!«

»Wie bitte?«, fragte ich erzürnt. »Ich fahre keinen Benz.«

Bevor es mir ging wie Palzkis benzinfreiem Wagen, hielt ich an und fragte ganz ungeniert nach dem Weg. Die Dame zeigte in die Richtung, aus der wir gekommen waren. Typisch Palzki, dachte ich wütend und wendete.

»Sehen Sie?«, meinte Palzki fünf Minuten später mit einer aufgesetzten Siegermiene, »da drüben ist der Schlossgarten. Der Eingang ist am Schloss. In Schwetzingen war ich schon ganz oft, deswegen habe ich es auch so schnell gefunden.«

Ich dachte mir meinen Teil und überlegte, ob ich als Schmerzensgeld nicht einen weiteren Goldbarren berechnen sollte. Zumal Palzki nun über Schwetzingen zu referieren begann.

»Meine Frau ist hier aufgewachsen. Wenn Sie mal Zeit haben, Dr. Metzger, müssen Sie unbedingt das Museum im Karl-Wörn-Haus besuchen. Wussten Sie eigentlich, dass hier die Badische Spargelstraße vorbeiführt?«

»Ja, ja, hier leben die schrecklichen Spargelstecher«, warf ich gelangweilt ein.

Palzki ging auf meinen boshaft gemeinten Kommentar nicht ein.

»Ein gewisser Bassermann hat im 18. Jahrhundert in Schwetzingen eine Konservenfabrik gegründet und sich auf Spargel spezialisiert.«

»Es reicht, Palzki. Gleich erzählen Sie mir, dass es in Schwetzingen einen Strand gibt.«

»Das nicht, im Nachbarort Oftersheim gibt es aber einen Dünenrundweg.«

Zum Glück hatten wir inzwischen den Innenstadtbereich vor dem Schloss erreicht. Palzki versuchte zwar weiterhin mit unnötigen Kommentaren abzulenken wie ›da schauen Sie, das ist das Spargeldenkmal‹, doch ich schaltete grinsend das Sondersignal ein und fuhr am Eingangsbereich vorbei direkt auf die Schlossanlage zu. Wäre gelacht, wenn ich stundenlang in dem riesigen Gelände rumlatschen müsste.

Ziemlich zentral in der Mitte des Schlossbaus gab es einen Durchgang, der groß genug war, um mit meinem Reisemobil durchzufahren. Zwei Kontrolleure standen in dem Durchgang und glotzten uns an. Da sie nicht zur Seite sprangen, musste ich hart abbremsen. Palzki, der sich gerade abgeschnallt hatte, knallte mit seiner Birne an die Windschutzscheibe.

»Nana, da wird wohl ein Knöllchen fällig«, sagte ich zu ihm. »Von der Anschnallpflicht haben Sie noch nichts gehört, oder?«

Die Kontrolleure standen nach wie vor erstarrt und kreidebleich einen knappen Meter vor meiner Stoßstange.

Palzki enthielt sich eines Kommentars und zog seinen Dienstausweis aus der Jacke.

»Ich gehe jetzt raus zu dem Personal und befrage sie wegen des Transporters. Sie bleiben bitte im Wagen.«

Dies musste ich natürlich unbedingt verhindern, da es Stunden dauern würde, bis er die beiden Herren überzeugt hatte, uns in die Gartenanlage fahren zu lassen. Ich stieg ebenfalls aus und übernahm spontan die Gesprächsführung.

»Wo finde ich den Patient?«

Die beiden Kontrolleure kamen näher, um mich zu verstehen. Um die Dringlichkeit meines Anliegens hervorzuheben hatte ich das Sondersignal nicht ausgeschaltet. Der Hall in dem Durchgang war enorm bis fast tödlich.

»Welcher Patient?«, rief der jüngere zurück, obwohl er nur einen Meter vor mir stand.

»Sagt bloß, euch hat niemand informiert? Ein Handwerker, der vor Kurzem mit seinem Transporter gekommen ist, hat einen Herzkasper bekommen. Wo finden wir den?«

»Meinen Sie den Statiker? Der ist mit seinem weißen Transporter vor einer Viertelstunde zum Tempel der

Waldbotanik gefahren. Dort findet die jährliche Überprüfung statt.«

Palzki stand daneben und raffte nichts, was egal war, da ich die Formalitäten so gut wie erledigt hatte. Vielleicht sollte ich es mal als Quereinsteiger bei den Bullen probieren?

»Und wo finde ich diesen botanischen Tempel? Aber schnell, sonst muss noch der Leichenwagen kommen.«

Derart motiviert zeigten die beiden simultan in die gleiche Richtung. Mit der ersten Geste gab ich Palzki zu verstehen, wieder einzusteigen, mit der zweiten bedankte ich mich bei den willigen Kontrolleuren.

Ich kann nicht verleugnen, dass es Spaß machte, durch den weitläufigen Park zu rasen. Ein paar schwerhörige Rentner, die das Signal nicht hörten, konnten rechtzeitig in die Büsche springen. Bewegung war im Alter ja so verkehrt nicht.

Der Schlossgarten war wie Brühl: groß und verwinkelt. Teilweise fuhr ich auf kleinen Seitenwegen, die aufgrund der Spurweite meines Reisemobils etwas breiter waren, nachdem wir diese passiert hatten.

»So eine Scheiße«, schrie ich zornig. »Wie soll man sich hier auskennen?«

Palzki fand seine Sprache zurück und zeigte nach rechts. »Da hinten ist das Schlosstheater, dann müsste«, er drehte sich zur anderen Seite, »ja, genau, da ist die Moschee. Fahren Sie nach rechts, dann kommen wir zum Tempel der Waldbotanik.«

Das war vermutlich das erste Mal, dass Palzki recht

hatte. Wir sahen, wie gerade der gesuchte Transporter vom Tempel wegfuhr.

»Den kriege ich«, rief ich und trat aufs Gaspedal. »Mein Wagen ist schwer geländegängig. Koste es, was es wolle.« Natürlich dachte ich dabei nur an die Goldbarren.

»Halten Sie an, Dr. Metzger. Den kriegen wir auch so. Wir wissen schließlich, wer er ist. Mich interessiert im Moment mehr, was er hier gemacht hat.«

Widerwillig hielt ich vor der Freitreppe an, die zu dem Tempel führte.

Der Tempel sah aus wie ein großer Zylinder und besaß eine ganz normale Eingangstür.

»Das Ding ist über 200 Jahre alt«, sagte Palzki und öffnete den Zylinder. Das Innere des Tempels hatte nur einen einzigen Raum. Außer ein paar Bildern war der Raum leer.

»Ob der Kerl mit Gemälden handelt?«, fragte ich unsicher, da ich mit Malerei nicht viel am Hut hatte.

»Nein«, entgegnete Palzki, »die Relieffelder sind wie immer. Ich dachte, hier die Goldbarren zu finden.«

Ich entdeckte im Fußboden ein Loch mit einem Durchmesser von etwa 20 Zentimetern. »Was ist das?«

Palzki winkte ab. »Da ist ein Gewölbe unter dem Raum. Außer dem Loch gibt es aber keinen weiteren Zugang.«

Ich schnappte mir die kleine Taschenlampe, die ich immer dabei hatte und leuchtete in das Loch. Volltreffer!

»Das gibt einen fetten Finderlohn!«, sagte ich zu Palzki und zeigte ihm meinen Fund.

»Die Goldbarren!«, rief Palzki erstaunt. »Da unten ist das Versteck.« Er überlegte einen Moment. »Aber wie bekommen wir die da raus?«

»Mit roher Gewalt«, antwortete ich und zog Palzki aus dem Tempel raus. Neben der Freitreppe konnte man ein Stück des Fundamentes des Tempels sehen. »Sie stellen sich da vorne hin und stehen Schmiere. Ich hole mir die Spitzhacke aus meinem Wagen und in einer halben Stunde ist das Problem gelöst.«

»Spitzhacke?«, stotterte Palzki.

»Die habe ich immer für medizinische Zwecke dabei«, antwortete ich.

35 Caravella: Palzkis Kultimbiss in Schifferstadt.
Adresse: Burgstraße 2, 67105 Schifferstadt

36 Die Halbinsel Kollerinsel ist – mit Ausnahme der Altstadt von Konstanz – das einzige linksrheinische Landesgebiet Baden-Württembergs. Sie steht Menschen als Naherholungsgebiet und Tieren als Rückzugsraum zur Verfügung.
http://www.bruehl-baden.de

37 Die Kollerinsel ist durch eine Rheinfähre mit dem rechtsrheinischen Brühl verbunden. Per Maus voll drehbares Panorambild, Standort auf der Kollerfähre: http://www.easypanorama.de/Kugelpanoramen/Vollbild_07.html

38 Das 490 ha große Naturschutzgebiet »Ketscher Rheininsel« verfügt über eine intakte Auenlandschaft von hohem ökologischem Wert.
http://www.themenpark-umwelt.baden-wuerttemberg.de
Mit der Suchfunktion und Eingabe »Ketscher Rheininsel« kommen Sie zu weiteren Informationen

39 Die Villa Meixner wurde 1899 im Jugendstil erbaut. Es dient als Kulturzentrum mit ständig wechselndem Ausstellungs- und Konzertprogramm.
Adresse: Schwetzinger Straße 24, 68782 Brühl
http://www.bruehl-baden.de
Gehen Sie zu »Gemeinde« und dann »Sehenswürdigkeiten«

40 Ketsch hat auch viel zu bieten:
http://www.ketsch.de

41 Der Carl-Ludwig-See ist eine weitläufige ehemals vermoorte Senke, im heutigen Naturschutzgebiet »Hockenheimer Rheinbogen«.
http://www.themenpark-umwelt.baden-wuerttemberg.de
Mit der Suchfunktion und Eingabe »Carl-Ludwig-See« kommen Sie zu weiteren Informationen

42 Die Bertha Benz Memorial Route ermöglicht, die Strecke nachzufahren, die Bertha Benz 1888 für die erste automobile Fernfahrt in der Geschichte wählte.
http://www.bertha-benz.de/

43 Im Karl-Wörn-Haus ist das Museum der Stadt Schwetzingen untergebracht. Adresse: Marstallstr. 51 , 68723 Schwetzingen
http://www.schwetzingen-museum.de/

43 Die Badische Spargelstraße ist eine 136 km lange Touristikstraße durch das nordbadische Spargelanbaugebiet.
http://www.deutsche-ferienstrassen.de/spargelstr/

45 Der Dünenrundweg Oftersheim ist ein 3 km langer Naturerlebnisrundweg, der durch die Oftersheimer Binnendünen führt. Am Weg sind neun Naturerlebnistafeln aufgestellt.
http://www.duenenrundweg.oftersheim.de/

46 Das Schwetzinger Spargeldenkmal befindet sich nur wenige Meter vom Schloss entfernt.
http://www.spargelhof-am-storchennest.de/spargel-pionier.htm

47 Das Schwetzinger Schloss diente vor allem den pfälzischen Kurfürsten Karl Philipp und Karl Theodor als Sommerresidenz. Dazu gehört auch der im 18. Jahrhundert angelegte Schlossgarten. Wegen Restaurierungsarbeiten im Schloss sind die Schlossräume von September 2014 bis Ende 2015 nicht zugänglich. http://www.schloss-schwetzingen.de/

48 Zum Apollotempel der Waldbotanik im Schlossgarten führt eine Freitreppe, auf deren Wangen Sphingen wachen, zur Eingangstür. Im Innern kann man durch eine kleine Öffnung im Fußboden in ein dunkles Gewölbe schauen, das über keine Zugangsmöglichkeiten verfügt.
http://www.schwetzinger-schlossgarten.de/apollotempel.htm

CARTOON

KAPITEL 5

TÖDLICHER WEIN UND ANDERE GÄNGIGE METHODEN, JEMAND INS JENSEITS ZU BEFÖRDERN

Es hätte so ein schöner Tag werden können.

Dass ich meinen Chef für verrückt halte, ist kein Geheimnis. Ich denke, dass ich mit dieser Meinung auf unserer Dienststelle nicht alleine bin. Wenn KPD in seinem zum Thronsaal umgebauten Büro eine Wellensittichzucht betrieb oder leere Antischuppenshampooflaschen aus allen Länder sammelte, machte mir das nichts aus. Im Gegenteil, solange er sich mit seinem Hobby selbst beschäftigte, konnte er uns nicht auf den Wecker fallen. Blöderweise waren KPDs Hobbys stets nur für kurze Zeit angelegt, da er jedes Mal schnell die Lust daran verlor und sich neue skurrile Herausforderungen suchte. Manchmal gelang es uns, ihm vordergründig interessante Projekte zu suggerieren. Meist nahm er den Ball auf und wir waren ihn für ein paar Wochen los. Diese sogenannten suggerierten Projekte waren von uns so ausgedacht, dass er sich unmöglich innerhalb der Dienststelle darum kümmern konnte. Das ging im vorletzten Fall gut, als wir ihn dazu brachten, seine Verbrechensstatistik zu verbessern, in dem er im Ludwigshafener Stadtarchiv Jahrzehnte alte und ungelöste Ermittlungsfälle heraussuchte und diese zu lösen versuchte. Drei Wochen ging das gut, bis er von den staubigen Akten genug hatte.

Das letzte Mal hatten wir ihn davon überzeugt, dass ein guter Chef unbedingt Auslandserfahrung bräuchte. Daraufhin hatte er für sich und seine Frau einen vierwöchigen Hawaiiurlaub gebucht und ihn aus der Schwarzkasse der Dienststelle bezahlt. »Schließlich ist das eine dienstliche Angelegenheit«, behauptete er einen Tag vor seiner Reise.

Im aktuellen Fall ging der Schuss nach hinten los. Wir hatten gerade März und die ersten Sonnenstrahlen quälten sich durch die eisige Rheinebene. Während er am gestrigen Montag in der wöchentlichen Lagebesprechung wieder einmal nichts anderes als seine penetrante Selbstdarstellung pflegte, fragte ich ihn scheinheilig, warum es von ihm, unserem guten Chef noch kein literarisches Meisterwerk gab. Auf seinen irritierten Blick antwortete ich ihm, dass ich mir gut vorstellen könnte, dass er einen Pfälzer Reiseführer mit speziellen Tipps aus Sicht eines Kripochefs schreiben könnte. Das hätte Potenzial zu einem Weltbestseller oder sogar darüber hinaus.

»Ach, äh, ja«, stotterte mein Chef unsicher und man sah ihm an, wie sein Gehirn sprichwörtlich rotierte. »Tatsächlich«, sagte er schließlich, »das ist mal eine gute Idee von Ihnen, Herr Palzki. Das zeigt mir als guten Chef, dass bei Ihnen noch nicht Hopfen und Malz verloren sind.«

»Ich meinte eher die Trauben«, unterbrach ich ihn. Dieser spontane Einfall, um KPDs literarisches Erstwerk in eine Region zu verorten, die keine Überschneidungen mit dem Einzugsgebiet unserer Dienststelle besaß, sollte sich alsbald bitterlich rächen.

KPD stand auf der Leitung und verstand meine Anspielung nicht.

»Wie auch immer«, meinte er. »Einen kriminellen Freizeitführer gibt es noch nicht. Und da Sie gerade von Trauben gesprochen haben und ich, wie Sie alle wissen, nicht nur ein guter Chef, sondern auch ein ausgezeichneter Weinexperte bin«, er holte tief Luft und stellte sich in Positur, »werde ich zwei meiner vielen Talente verknüpfen und die kriminellen Machenschaften entlang der Weinstraße in einem Freizeitführer beschreiben. Auch der Pfalz steht ein Standardwerk von höchster Qualität bestimmt gut. Dann klappts auch mit dem Pfalzpreis für Literatur, der fehlt mir noch in meiner Sammlung.«

KPD war noch nicht fertig.

»Als Dank für Ihren tollen Einfall, Herr Palzki, werde ich Sie und ein paar weitere meiner Untergebenen mit auf eine Rechercheireise nehmen. Dann lernen Sie etwas über unseren guten Pfalzwein, als Biertrinker sind Sie da ja eher etwas unterentwickelt. Sie werden von mir auch lernen, wie man seinen Verstand schärft und aus augenscheinlich harmlosen Begebenheiten verbrecherische Absichten erkennt.«

Es half nichts, bereits eine Woche später ging es los. KPD höchstpersönlich ließ es sich nicht nehmen, den Mannschaftsbus zu steuern. Als Ideengeber durfte ich auf dem Beifahrersitz Platz nehmen, während Gerhard, Jutta und zwei weitere Kollegen in den Fond Platz steigen mussten. Unser Dienststellenleiter stieg froh gelaunt ein und wuchtete einen offenen Karton auf meinen Schoß.

»Ein paar Unterlagen«, meinte er zu den schätzungsweisen 20 Kilogramm.

»Wo ist denn der blöde Schalter?«, fragte KPD sich selbst, während er das Armaturenbrett absuchte.

»Blinker?« fragte ich vorsichtig.

»Ach was, ich suche den Schalter für das Sondersignal, ah, da ist er ja.«

Ein ohrenbetäubender Lärm durchflutete das Wageninnern. »Mann, ist das hier drinnen aber laut«, sagte KPD. »Sind die Mannschaftswagen denn nicht schallisoliert? In meinem Dienstwagen höre ich das Martinshorn so gut wie überhaupt nicht.« Sichtlich enttäuscht schaltete er den Lärmmacher wieder aus.

»Sie fahren Ihren Dienstwagen mit Horn?«, fragte Jutta ungläubig aus dem Fond.

KPD, der bereits losgefahren war, drehte sich schwerfällig nach hinten. »Als Leiter der Schifferstadter Kriminalinspektion geht es nicht an, dass ich auf dem Weg zur Arbeit unnötige Zeit in Staus vertrödele. Aus Rücksicht auf meine Frau schalte ich die Anlage allerdings erst 100 Meter von unserem Haus entfernt ein.«

Die Fahrweise unseres Chefs war ziemlich durchwachsen. Das lag vor allem daran, dass er sich wenig um die Verkehrslage kümmerte, wahrscheinlich war sein Wahlspruch ›Der Verkehr bin ich‹. Mehr als einmal hatte ich den Eindruck, dass er den Automatik-Wagen mit einem Wagen gleichsetzte, der automatisch, sprich ohne menschliche Eingriffe, fuhr.

Kurz hinter Speyer auf der Bundesstraße nach Landau, kruschelte er in dem Karton, der nach wie vor auf meine Oberschenkel drückte. Nach einiger Zeit zog er ein paar Zettel heraus, von denen er einige auf das Armaturenbrett legte.

»Aha«, sagte er schließlich mit lauter Stimme, sodass selbst die Mitfahrer in der dritten Sitzreihe zusammenzuckten, »da sind meine Handnotizen. Wir schauen uns heute die Deutsche Weinstraße an, die, wie Sie hoffentlich wissen, 85 Kilometer lang ist und im Jahr 1935 eröffnet wurde.«

War das nicht bereits 1934?«, warf ich unwissend und frech ein.

»Nein, nein, da irren Sie sich, Herr Palzki. Das war ganz sicher 1935. Ich habe das selbst recherchiert. Und bei solchen Sachen gelte ich als unfehlbar.«

»Silvester 1934?« Ich gab nicht auf.

KPD wurde ungeduldig. »Was soll das, Herr Palzki? Habe *ich* recht, oder Sie? Das war jetzt aber nur eine rhetorische Frage. 1935, und dabei bleibt es!«

»Schade«, antwortete ich.

Mein Chef gaffte mich verwirrt an.

»Na ja«, klärte ich ihn auf. »Wenn Sie Ihr Werk noch dieses Jahr veröffentlichen, dann könnten Sie das 80-jährige Jubiläum erwähnen.«

KPD grummelte eine Weile vor sich. »Das geht nicht, Herr Palzki«, sagte er leise. »Wenn das rauskommt.«

»Warum sollte das rauskommen? Wenn Sie in Ihr hoch qualifiziertes Werk 1934 reinschreiben, dann ist es eben so. Bei Ihrem gesellschaftlichen Standing und Ihren Beziehungen wird das wohl niemand infrage stellen oder kontrollieren wollen. Das ist auch schon so lang her.«

»Meinetwegen«, gab er sich endlich geschlagen. Ich nahm mir vor, weiter zu intrigieren. Das wäre doch gelacht, wenn es mir dieses Mal nicht gelingen sollte, den Ruf meines Vorgesetzten nachhaltig zu schädigen.

KPD referierte längst weiter über seine Notizen. »Wir beginnen unsere Tour am Deutschen Weintor in Schweigen-Rechtenbach. Von dort fahren wir zum Gegenstück am anderen Ende, dem Haus der Deutschen Weinstraße in Bockenheim. Da fahren wir durch das zweitgrößte Weinbaugebiet Deutschlands. Den Namen des größten fällt mir im Moment gerade nicht ein.«

»Das ist der Rödersheimer Landratswingert im Rhein-Pfalz-Kreis«, half ich ihm auf die Sprünge.

KPD wirkte mehr als verblüfft. »Ist das wahr, Herr Palzki? Manchmal wundere ich mich sehr über Sie. Anscheinend haben Sie sich ebenfalls auf unsere Tour vorbereitet. Das werde ich mir gleich für mein Buch notieren. Rödersheimer Landratswingert, haben Sie gesagt?«

Ich nickte und musste aufpassen, nicht laut herauszulachen. Gerade gestern hatte ich es in der Rheinpfalz gelesen: Mehr als anderthalb Tonnen Erntegut gab der kleine Wingert nicht her. Dafür werden die Kritiker über Diefenbachs neues Buch herfallen.

Während KPD einen Lieferwagen überholte, zog er einen Kugelschreiber aus seiner Jacke, legte seine Notizen auf das Lenkrad und schrieb die für ihn neuen Informationen auf.

»Ich habe zwar in meinem Handy ein Diktiergerät«, meinte er anschließend, »das ist aber während der Fahrt aus gutem Grund verboten.«

Hinter Landau bog er von der Autobahn ab, auf der wir nur wenige Kilometer zurückgelegt hatten, und fuhr durch eine immer hügligere Landschaft durch gefühlt 1000 Ortschaften in Richtung Berge.

»Ganz in der Nähe ist in Steinfeld das Kakteenland. Mit meiner Frau fahre ich da mindestens alle drei Monate hin. Da gibt's auch Schwiegermuttersitze, Herr Palzki. Ein ideales Geschenk.«

»Ich schenke meiner Schwiegermutter nichts«, antwortete ich. »Die schenkt mir im Leben auch nichts.«

Dass ich meine Bemerkung anders meinte, verschwieg ich.

Eine Viertelstunde später hielt KPD vor dem Tor in Schweigen an. Während unser Chef das Symbol bestaunte und von allen möglichen Seiten fotografierte, legten wir Untergebenen eine kollektive Pause in einer Wirtschaft ein. Nach einer Weile stieß er zu uns.

»Ja, was trinke ich denn?«, fragte er schon wieder sich selbst mit einem Blick in die Weinkarte.

»Ich habe für Sie bereits die hiesige Spezialität bestellt«, sagte ich zu meinem Chef. Meine Kollegen drehten sich allesamt zur Seite, um nicht verräterisch herauszulachen.

Als die Bedienung kam, reagierte ich, bevor diese den unheilsamen Satz ›Für wen ist die Cola-Rot?‹ stellen konnte und sagte: »Das Getränk ist für diesen Herrn da«.

Sie stellte das Glas ab und verschwand mit einem Kopfschütteln, was ich durchaus nachvollziehen konnte. In meiner Jugend galt Cola-Rot, also eine Mischung aus

Rotwein und Cola, als Kultgetränk. Inzwischen wurde es zu recht gemieden.

»Boah, was ist das denn?«, blökte und rülpste KPD gleichzeitig. »Das kann doch kein Mensch trinken!«

Ich legte den Zeigefinger an meinen Mund. »Leise, Herr Diefenbach. Wollen Sie es sich mit den hiesigen Weinbauern verscherzen? Niemand wird Ihr Buch kaufen, wenn Sie ihren Wein kritisieren. Es mag sein, dass er um Nuancen anders schmeckt, als ihr Favorit. Aber stellen Sie sich mal vor, wenn alles gleich schmecken würde.«

KPD beruhigte sich und trank weiter. »Na ja, nach ein paar Schluck gewöhnt man sich daran. Trotzdem, der Abgang ist ein wenig zu süß geraten. Wie heißt die Sorte?«

»Schweigener Rotkoller«, sagte ich schnell, weil mir spontan nichts Besseres einfiel.

»Dann werde ich diesen Rotwein in meinem Werk besonders positiv darstellen.«

Wieder machte er sich Notizen. Ich begann langsam, mich über das noch nicht erschienene Buch zu freuen.

Nach dem Ende der Pause drohte uns unser Führer mit neuem Ungemach. »In diesem Ort befindet sich Deutschlands erster Weinlehrpfad. Den sollten wir uns näher anschauen, es sind bloß ein paar Kilometer.«

Ich erschrak. Kilometer und Laufen, zwei Wörter, die in meinem Universum überhaupt nicht zusammenpassten.

»Das geht nicht, Herr Diefenbach«, sagte ich und zeigte auf meine Kollegin Jutta.

KPD wandte sich an Jutta: »Was ist mit Ihnen, Frau Wagner?«

Ich antwortete vorsichtshalber für sie: »Frau Wagner

ist, äh, wie soll ich es ausdrücken? Also, sie kann unmöglich so weit laufen.«

Während Jutta mir den Vogel zeigte, reagierte KPD. »Ist es denn wahr, Frau Wagner? Sie sind in anderen Umständen? Das hätten Sie mir aber ruhig sagen können.«

Mist, wie sollte ich diese blöde Situation nur meistern? Die anderen Kollegen nässten sich vor Lachen fast ein, während ich einen Rettungsversuch startete, um nicht in Juttas Ungnade zu fallen.

»Nein, so habe ich es nicht gemeint, Herr Diefenbach. Frau Wagner ist doch schon fast vierzig.«

Scheiße, was sagte ich da nur? Jutta wird mich umbringen. Mindestens.

»Sie hat sich nur den Knöchel etwas verknackst«, versuchte ich die Lage zu entspannen. Ich wandte mich an Jutta. »Stimmt doch, oder?«

Sie schoss ein paar giftige Pfeile ab, das konnte ich gerade noch verkraften, schließlich hatte ich mir das selbst eingebrockt. Glück im Unglück, KPD hatte eine andere Idee.

»Dann machen wir einen kleinen Abstecher ins benachbarte Ausland. Welcher Staat beginnt gleich südlich von Schweigen, Herr Palzki?«

»Preußen?«, fragte ich vorsichtig zurück und rettete damit die Situation endgültig.

KPD schnaufte tief durch. »Solch eine Antwort habe ich fast erwartet. In Staatskunde waren Sie wahrscheinlich krank. Nur ein paar Meter von hier entfernt beginnt Frankreich. Sagt Ihnen das etwas, Herr Palzki?«

»Ach so, ja. Da liegt doch die Eifel mit dem Eiffelturm.«

Der zukünftige Literaturnobelpreisträger patschte sich mit der Hand auf die Stirn, sagte aber nichts.

Wir stiegen ein und fuhren los. Die Fahrt war kurz. Am Ortsausgang fuhren wir an einem Discounter vorbei und unmittelbar danach sahen wir das Grenzschild. KPD bremste scharf ab und parkte fast direkt vor dem Schild auf einem staubigen Parkplatz.

»Da machen wir jetzt schnell ein Erinnerungsfoto, steigen Sie bitte alle aus.«

Mir drückte er eine Digitalkamera in die Hand. »Passen Sie gut auf dieses hochempfindliche Stück Elektronik auf, Herr Palzki. Der kleine Knopf da oben ist der Auslöser, das da vorne ist das Objektiv. Kennen Sie sich damit ein wenig aus?«

Ich untersuchte das metallene Silberstück in bewusst grobmotorischer Manier. Wie zufällig öffnete ich dabei die Bodenklappe und ließ mit einem kleinen Druck die Speicherkarte zu Boden fallen.

»Hoppla, was ist das?«, fragte ich erstaunt. »Die fällt ja schon auseinander.«

KPDs rote Birne war mir Belohnung genug. Schnaubend baute er seine Kamera wieder zusammen und überlegte. »Okay, einen Versuch gebe ich Ihnen noch. Wir stellen uns alle unter das Schild und Sie fotografieren uns.«

»Und ich? Ich will auch mit auf's Bild«, protestierte ich, obwohl mir das so was von egal war.

»Beim nächsten Fotostopp sind Sie wieder dabei, Herr Palzki.«

Milde lächelnd wählte ich einen etwas verwegenen Bildausschnitt. Es war natürlich Zufall, dass mein Chef außerhalb des Ausschnittes stand und man von dem Grenzschild nur erahnen konnte, dass es da war. Um eine Kontrolle zu verhindern, schaltete ich die Kamera anschließend aus und stieg wieder in den Wagen.

»Kommt endlich, draußen ist es saukalt. Fahren wir jetzt rein nach Dingsbums?«

KPD nickte. »Ganz recht, da vorne beginnt bereits Wissembourg.«

»Ich habe meinen Ausweis zu Hause vergessen«, bekannte ich und legte einen treudoofen Blick auf.

»Den brauchen Sie nicht, Herr Palzki. Schon mal was von der EU gehört?«

Es war Zeit für die nächste Demontage. »Haben Sie das nicht in der Zeitung gelesen, Herr Diefenbach?« Ich wusste, dass er aus Prinzip keine Zeitung las. Außer, er wurde darin erwähnt.

»Von was reden Sie schon wieder?«

»Von der allgemeinen Mautpflicht auf französischen Landstraßen und Wanderwegen.«

KPD starrte mich an. »Seit wann denn das?«

Meine Kollegen waren mucksmäuschenstill und harrten unserem Dialog.

»Seit dem 1. März müssen alle PKWs und Rucksäcke einen Mautaufkleber haben. Das ist so ein rundes Ding mit dem ollen Napoleon in der Mitte. Haben Sie das wirklich noch nicht gesehen? Den können Sie an jeder Tankstelle erwerben, kostet nur 10 französische Euro im Monat.«

Ich war mir sicher, dieses Mal übertrieben zu haben. Doch KPD nahm mir diese Räuberpistole ab.

»Ach, das meinen Sie. Klar, das habe ich natürlich mitbekommen. Ich schreibe es mir gleich auf, damit es auch in meinem Reiseführer Eingang findet.«

Nach der Niederschrift der verrückten Mautgeschichte drehten wir um. Schließlich wollte KPD die Weinstraße abfahren und nicht die Tour de France. Nach wenigen Kilometern kamen wir nach Bad Bergzabern. Unser Chef ließ es sich nicht nehmen, durch die Innenstadt zu fahren und über das Schloss Bergzabern, das früher den Wittelsbachern gehörte, zu referieren. Auch das Gasthaus zum Engel erwähnte er gebührend, und titulierte es als eine der schönsten Renaissancebauten Deutschlands. Ich konterte natürlich sofort damit, dass es sich eindeutig um ein Gebäude im Jugendstil handelte. Nach einigem hin und her glaubte er mir und korrigierte seine richtig gewesenen Notizen. Auch die hiesigen Einwohner sollten schließlich ihren Spaß an KPDs neuem Buch haben.

Weiter ging die Fahrt nach Klingenmünster.

»Die Gegend scheint mir harmloser zu sein, als ich dachte«, meinte unser Chef plötzlich. »Egal, wo ich hinschaue, ich kann keine Anzeichen für kriminelle Machenschaften entdecken.«

»Und dieser Lieferwagen da vorn?« Ich zeigte auf einen Sprinter, der halb auf dem Gehweg parkte und gerade mit Kartons beladen wurde.

KPD winkte ab und fuhr an dem Transporter vorbei. »Ich bitte Sie, Herr Palzki. Das ist ein ganz normaler Ladevorgang. Schauen Sie mal lieber hoch auf den Berg. Das ist die Burg Landeck. Von da oben hat man eine schöne Aussicht. Wollen wir eine kleine Pause einlegen?«

Die Frage war nur rhetorisch gemeint. KPD bog nördlich von Klingenmünster in die Zufahrtsstraße zur Burg ein. Auf der anderen Seite sahen wir zwei Traubenvollernter durch einen Wingert fahren.

Die Straße war nicht nur sehr steil, sondern auch eng. Entgegenkommende, zu Tal fahrende Fahrzeuge, ignorierte KPD, sodass mehrere davon beinahe Bekanntschaft mit der Leitplanke machten.

»Dass die Autofahrer immer so unvernünftig sein müssen«, motzte KPD über die anderen Fahrzeuglenker.

Heil kamen wir oben an. Zum Glück befand sich der Parkplatz direkt vor dem Burgeingang. Die wenigen Meter in den Burghof passten durchaus in mein Konditionsbudget. Fünf Minuten später waren wir im Burginnern angekommen und schauten an dem mächtigen Bergfried nach oben.

»Und das alles ganz ohne Kran«, erklärte unser Chef stolz, als hätte er den Fluchtturm eigenhändig gebaut. Nachdem wir uns am Kiosk eine Kleinigkeit gekauft hatten, suchten wir uns einen Platz mit Blick über die Rheinebene.

KPD holte tief Luft. »So eine schöne und vor allem verbrechensarme Region. Hier kann man nachts die Haustür offen stehen lassen und es wird nichts gestohlen. Ich konnte bisher nicht die kleinste Ungewöhnlichkeit feststellen.«

Ich wagte, meinem Vorgesetzten zu widersprechen. »Eine Kleinigkeit haben Sie übersehen, Herr Diefenbach!«

Frage: Auf was spielte Reiner Palzki an?

LÖSUNG

Zwei Vollernter in einem Wingert machen im März nicht so richtig Sinn.

49 2015 wird in Landau die Landesgartenschau stattfinden. Beliebte Ausflugsziele sind der Zoo und das Reptilium, ein Terrarien- und Wüstenzoo.
http://www.landau.de/ für die Stadt

http://lgs-landau.de/ für die Landesgartenschau

50 Die Deutsche Weinstraße ist 85 Kilometer lang und von Süd nach Nord gerichtet. Sie reicht vom Deutschen Weintor in Schweigen-Rechtenbach an der französischen Grenze bis zum Haus der Deutschen Weinstraße in Bockenheim am Rande Rheinhessens.
http://www.deutsche-weinstrasse.de/

51 Schweigen-Rechtenbach liegt an der deutsch-französischen Grenze. Aufgrund alter Pachtverträge dürfen die Einwohner auch Wein auf französischer Seite heranwachsen lassen.
http://www.schweigen-rechtenbach.de/

52 Das Deutsche Weintor ist seit 1936 der südliche Beginn der Deutschen Weinstraße. Dazu gehört auch eine Gaststätte, die durch die Winzergenossenschaft Deutsches Weintor betrieben wird.
http://www.weintor.de/

53 Der Weinlehrpfad wurde 1969 als erster Weinlehrpfad in Deutschland eröffnet. Auf drei Kilometern führt er durch den Sonnenberg und informiert dabei über das Thema Wein auf lehrreiche und unterhaltsame Weise.
http://www.weinlehrpfade.de
Unter dem Begriff »Pfalz« finden Sie »Schweigen-Rechtenbach«

54 Die Altstadt von Weißenburg (Frankreich) ist teilweise von Resten der alten Stadtbefestigung umschlossen. Sie ist Startpunkt der Romanischen Straße, die im Elsass durch Orte mit Baudenkmälern der Romanik führt.
http://www.ot-wissembourg.fr/site/
Unter »Kulturerbe« findet sich die Geschichte der Stadt

55 Im Kakteenland Steinfeld gibt es 1.000 verschiedene Kakteenarten und weitere 600 andere sukkulente Pflanzen zu sehen. Es ist bei freiem Eintritt täglich geöffnet.
http://www.kakteenland.de/startseite.html

56 Das Bergzaberner Schloss in der Innenstadt ist das Wahrzeichen der Stadt Bad Bergzabern. Früher wohnten hier die Herzöge von Pfalz-Zweibrücken.
http://www.bad-bergzaberner-land.de
Unter »Region« kommen Sie per Karte nach Bad Bergzabern und allen Sehenswürdigkeiten

57 Im historischen Gasthaus »Zum Engel« befindet sich das Stadtmuseum. Im 18. Jahrhundert nutzten es die Herzöge von Zweibrücken als Oberamtssitz. Heute sitzt dort die Verwaltung.
http://www.bad-bergzabern.de/kultur/stadtmuseum.html

58 Burg Landeck wird das ganze Jahr außer an Heiligabend bewirtschaftet. Im ersten Stock des Turms ist eine Ausstellung über die Bodenfunde im Burggelände. Hier werden jährlich Mittelaltermärkte unter der Bezeichnung »Landeckfest« abgehalten.
http://www.burglandeck-pfalz.de/

59 Das Haus der Deutschen Weinstraße in Bockenheim ist das Gegenstück zum Deutschen Weintor in Schweigen. Es beinhaltet neben einem Restaurant mit Seeterrasse auch mehrere Veranstaltungsräume.
http://www.haus-der-deutschen-weinstrasse.de/

CARTOON

KAPITEL 6

KRIMINELLE LANDESGRENZE – MÖRDERISCHE WEINHEIMER

Es hätte so ein schöner Tag werden können.

Zugegeben, es hätte mich schlimmer treffen können. Wenigstens konnte ich in meiner geliebten Kurpfalz bleiben. Pfalz oder Nichtpfalz, das war zum Glück keine Frage. Der Rhein war wie eine zufällige Grenzziehung zwischen zwei, oder vielmehr drei Bundesländern. Hiwwe und Driwwe, wobei sich das Hiwwe wie Driwwe jeweils auf den Standpunkt des Betrachters bezog, und von Neunmalklugen zur eindeutigen Unterscheidung in links- oder rechtsrheinisch zugeordnet wurde, galt längst als Einheit. Und das nicht erst, seit man vor Jahrzehnten die Kunstregion Rhein-Neckar-Dreieck mit dem Geo-Dreieck kreiert hatte, die später durch den praktischeren Marketingbegriff Metropolregion Rhein-Neckar quasi professionalisiert wurde. Klar, gab es nach wie vor Sticheleien, die unter anderem mit den verschiedenen Kfz-Kennzeichen ausgetragen wurden. Jeder Kurpfälzer kannte mehr als eine Bedeutung für die Kennzeichen LU, MA, HD, HP, NW, DÜW und wie sie alle hießen. Mich persönlich hatte es vor ein paar Jahren sehr gefreut, dass sich der Rhein-Pfalz-Kreis mit dem neu eingeführten RP-Kennzeichen an den Initialen meines Namens orientierte.

Von Schifferstadt nach Viernheim oder nach Weinheim zu fahren war eine mittlere Katastrophe. Viele behaupteten sogar, es handelte sich um eine große Katastrophe. Der kürzere Weg lief mitten durch die Herzen von Ludwigshafen und Mannheim. Wer denkt, Ludwigshafen wäre im Vergleich zu Mannheim nur eine Art Vorhof des Herzens, täuschte sich gewaltig. Ludwigshafen baut. Immer. Und zwar stets an mehreren strategischen Stellen gleichzeitig. Die beiden baufälligen Hochstraßen, die zu den zwei Rheinbrücken führten, waren, so hatten es unlängst Archäologen herausgefunden, seit mindestens der Keltenzeit Dauerbaustelle. Nicht genug, wurden fast permanent wichtige Einfallstraßen wie die Saarlandstraße oder die Mundenheimer Straße zum Nadelöhr verengt. Bis man am Montagfrüh die Rheinbrücke erreicht hatte, war manchmal die Wochenarbeitszeit bereits deutlich überschritten. In Mannheim lief es meist etwas besser, zumindest wenn man die Strecke zwischen Barockschloss und Wasserturm mied.

Alternativen gab es, von einem Herzinfarkt abgesehen, keine. Ludwigshafen und Mannheim nördlich mittels A 6 zu umfahren, war kein guter Plan. Die Strecke war fast dreimal so lang und die oft spontan eröffneten Baustellen ohne vorherige Presseankündigung auf der B 9 und der A 61 waren legendär.

Warum ich mir das antat? Es ging nicht anders. Mein Vorgesetzter KPD ging mir in den letzten Wochen dermaßen auf den Senkel, dass ich mir bereits Gedanken machte, meinen Beruf zu wechseln. Doch was tun? Als

Polizist hat man ja nichts Gescheites gelernt, was man im freien Leben zum Verdienen des Lebensunterhaltes aufbieten könnte. Ein Handwerker kann sich mit Schwarzarbeit eine Weile oder sogar dauerhaft über Wasser halten, aber ein Polizeibeamter? Da gab es wenig legale Optionen. Zufällig fiel mir vor ein paar Tagen unsere Mitarbeiterzeitung ›Polizei intern‹ in die Hände, die ich normalerweise ungelesen wegwarf, da KPD für die meisten Artikel verantwortlich zeichnete. Doch dieses Mal hatte ich Glück: Die Bundesregierung hatte, um auch mal etwas vorzeigen zu können, ein neues Programm ausgeschrieben, um die Partnerschaft von Polizeidienststellen über Bundeslandgrenzen hinweg zu fördern. Wie ich dem Bericht entnahm, suchte die Kriminalpolizei Weinheim einen netten Kollegen für eine temporäre Partnerschaft nebst kriminalistischen Austausch. Da das Programm keine Kostenübernahme für Übernachtungen vorsah, musste ich mich in den beiden Wochen, um diesen Zeitraum ging es, in die viele kilometerlange Autoschlange einreihen.

Ich weiß, Weinheim ist mittels S-Bahn und OEG gut zu erreichen, innerhalb einer Stunde oder so. Also deutlich kürzer als mit dem Auto. Doch was sollte ich ohne eigenen Wagen in der Fremde machen? Da kam ich mir irgendwie nackt vor.

Ich weiß nicht, wie ich es schaffte: Irgendwann hatte ich an meinem ersten baden-württembergischen Arbeitstag Weinheim erreicht und es war nicht einmal Mittag. Die Stadt lag am Rande der Rheinebene am Beginn des Odenwalds. Quasi das Gegenstück zu

Neustadt oder Bad Dürkheim, die am Rande des Pfälzer Waldes lagen. Ich war sehr gespannt darauf, die hiesige Leiterin der Kriminalinspektion, Frau Else Schubert, kennenzulernen. Vorurteile gegen eine weibliche Kripoleiterin hegte ich selbstverständlich keine.

Während ich die Eingangstür des älteren Gebäudes öffnete, irritierte mich ein handgeschriebener Zettel, der an der Außentür hing: ›Türe bitte leise schließen‹.

Die Irritation nahm zu, als ich im Flur an einer ganzen Reihe weiterer Aufforderungen vorbeiging. ›Schuhe abgeputzt?‹, fragte die erste. Weiter ging es mit ›Bitte nicht drängeln‹ und ›Ausweis dabei?‹. Die restlichen Notizen ignorierte ich. Der junge Beamte an der Anmeldung unterbrach mich bereits bei der Nennung meines Namens.

»Haben Sie Ihren Ausweis dabei, Herr Palzki?«

»Ich habe einen Termin bei Frau Schubert«, antwortete ich.

»Das könnte jeder behaupten. Also, haben Sie einen Ausweis?«

Widerwillig reichte ich ihm das verlangte Dokument. Mann oh Mann, waren die hier pingelig. Es wurde Zeit, dass die Weinheimer mal etwas pfälzisch-gemütliche Kultur lernten.

»Dann will ich mal nicht so sein«, sagte der Jungkollege, »auch wenn ihr Ausweis abgelaufen ist, Herr Palzki.«

Kurz darauf wurde ich von einem anderen Beamten abgeholt und zur Kripochefin gebracht. Auch die Flure und Türen innerhalb der Dienststelle waren mit handschriftlichen Notizen übersät. Manche fand ich etwas übertrieben, wie ›Waffe gesichert?‹ oder ›Flurbeleuchtung notwendig?‹.

Else Schubert hatte ich mir ein wenig wie KPD vorgestellt, schließlich war ich ein gebranntes Kind. Ich hatte mich getäuscht. Die Begrüßung war herzlich, sie schien ein angenehmer Mensch zu sein. Sie tischte gleich zu Beginn Kaffee und Kekse auf, natürlich nicht in KPDs luxuriösen Dimensionen.

»Setzen wir uns ein wenig an den Besprechungstisch«, sagte Else Schubert. Sie stapelte schnell ein paar handgeschriebene Zettel aufeinander, wahrscheinlich war sie gerade dabei, weitere Anweisungen für die Dienststelle vorzubereiten.

»Wir freuen uns, dass Sie hier sind, Herr Palzki. Leider muss ich Sie gleich enttäuschen: Kapitalverbrechen gibt es bei uns nur sehr selten. Wir Weinheimer sind halt ein ehrliches Völkchen.«

»Macht nichts«, antwortete ich. »Ich verteile auch gern zwei Wochen lang Verwarnungsgelder an Besucher dieser Dienststelle, die die Eingangstür nicht leise genug schließen.«

Sie ging auf meine kleine Spitze nicht ein. »Ich habe mich von meiner normalen Arbeit etwas losgeeist, um Ihnen unser schönes Weinheim zu zeigen, Herr Palzki. Sie sollen schließlich einen guten Eindruck von uns bekommen. Natürlich beachte ich Ihre geregelten Arbeitszeiten. Um 17 Uhr können Sie Feierabend machen. Ich selbst komme selten vor 22 Uhr nach Hause.« Sie seufzte.

»Ich dachte, Sie haben, verbrechenstechnisch gesehen, in Weinheim nicht viel Arbeit? Warum müssen Sie dann so viel Überstunden machen?«

Sie rückte näher zu mir. »Das hat private Gründe. Mein Sohn muss zurzeit für die Schule Blockflöte üben. Glauben Sie mir, da macht man gern Überstunden.«

Sie stand auf. »Kommen Sie, ich zeige Ihnen heute die ersten Weinheimer Perlen. Zwei Wochen werden kaum reichen, Ihnen alle unsere tollen Ecken zu zeigen.«

Es hätte mich schlimmer treffen können. So genoss ich die Spazierfahrt als Beifahrer. Die Kripoleiterin kurvte durch die Innenstadt und schon bald ging es den Berg hoch.

»Weinheim ist eine Zwei-Burgen-Stadt. Wir fahren nun zur Burg Windeck hoch, auch wenn es nur eine Ruine ist.«

»Wie alle Burgen«, ergänzte ich. »Von Neuschwanstein mal abgesehen. Das ist aber eher ein Neubau.«

Schubert lachte. »Neuschwanstein ist gut, so etwas Ähnliches haben wir auch.«

Die Fahrt war kurz, zum Glück konnte man bis fast unmittelbar vor den Eingang der Ruine Windeck fahren.

»Gehen wir hoch zum Bergfried, Herr Palzki? Ich habe einen Schlüssel.«

Um uns Pfälzer nicht als konditionsschwach und lauffaul zu präsentieren, gab ich mein Einverständnis. Der Turm war fast unendlich hoch. Meine Führerin sah ein paar Treppenstufen zu mir runter. »Das packen Sie aber schon, Herr Palzki, oder?«

Selbstverständlich schaffte ich den Aufstieg. Meine Lungenflügel pochten zwar wie kurz vor dem Bersten, nach einer Weile sah ich aber wieder andere Farben als schwarz.

»Ist es nicht herrlich, hier?«, schwärmte die Kripochefin. »Bei schönem Wetter kann man die komplette Rheinebene überblicken.« Sie zeigte nach Nordwesten. »Dort liegt das Hessische Ried. Wenn man als Weinheimer mal genug von den Bergen hat, findet man dort herrliche Wanderwege.«

Sie drehte sich zur Seite und zeigte auf eine andere Burg. »Das ist die Wachenburg, sie ist vollständig erhalten.«

»Keine Zerstörungen?«, fragte ich überrascht.

Sie lachte. »Keine Zerstörungen. Ich muss allerdings gestehen, dass sie erst rund 100 Jahre alt ist. Also noch neuer als Neuschwanstein. Sie ist in Privatbesitz. An manchen Tagen kann sie komplett besichtigt werden. Ansonsten sind der Burghof und die Aussichtsplattform frei zugänglich. Wollen wir rüberlaufen? Dauert nur eine gute halbe Stunde.«

Unter Aufbietung aller mir gängigen rhetorischen Kniffen gelang es mir, sie von dieser bösen Idee abzubringen.

»Dann haben Sie sicherlich auch kein Interesse, den Hirschkopf und den Eichelberg zu besteigen, Herr Palzki? Auf beiden Bergen gibt es Aussichtstürme.«

»Wir stehen doch gerade auf einem, Frau Schubert. Gibt es in Weinheim auch andere Dinge wie Berge und Türme?«

Sie lachte abermals. »Wohl ein kleiner Scherz Ihrerseits? Wir haben nicht nur Burgen, sondern auch ein Schloss, das Weinheimer Schloss.«

»Auf welchem Berg?«, fragte ich leicht genervt.

»Auf gar keinem. Kommen Sie, wir fahren hin.«

Den Turmabstieg überlebte ich ebenfalls, als Beifahrer konnte ich mich danach ein Stück weit regenerieren.

Das Schloss sah imposant aus. »Kann man das besichtigen?«

»Ja«, sagte sie. »Im Schloss befindet sich die Stadtverwaltung.«

So etwas müsste es in Schifferstadt geben, dachte ich. KPD als Schlosschef. Er würde sich sofort einen Thronsaal einrichten lassen.

Else Schubert ging um das Gebäude herum zur südlichen Seite. »Das ist der Schlosspark. Im südlichen Teil des Schlosses gibt es ein Restaurant. Bevor wir dort etwas Essen, will ich Ihnen etwas ganz Besonderes zeigen.

Wir stiefelten durch den kompletten Park. Am Ende zeigte sie auf einen Wanderweg, der in einen Wald lief.

»Lassen Sie uns ein paar Meter gehen, Herr Palzki.«

Dass ich meine Augen verdrehte, nahm sie nicht wahr. Doch nach einer Minute sah ich mich verwundert um.

»Da staunen Sie, was? Das ist unser 60 Hektar großer Exotenwald. Hier finden Sie nicht nur Mammutbäume, sondern auch Baumarten aus Amerika, Japan und Kleinasien.«

»Nicht schlecht«, sagte ich und im gleichen Moment knurrte mein Magen.

»Oh, Sie haben Hunger. Dann mal schnell ins Restaurant.«

Schweißperlen liefen mir die Stirn hinunter. Doch als ich auf der Speisekarte las, dass es auch normale

Gerichte gab, atmete ich auf. Hummer und solches Zeug blieb mir erspart.

Nach einer reichlich bemessenen Stunde waren wir fertig. Else Schubert lud mich ein und zahlte für uns beide.

»Fahren wir jetzt zurück zur Dienststelle? Ein kleines Nachmittagsschläfchen wäre jetzt nicht ungeschickt«, sagte ich grinsend.

Else Schubert war damit nicht einverstanden. »Erst trinken wir noch einen kleinen Absacker-Champagner an der Bar.«

Sie ging voraus zu einem kleinen Barbereich. Sie winkte mich zu einem Stehtisch und bestellte an der Bar die angedrohten Getränke. Ich prüfte, ob ich genügend Sodbrennentabletten dabei hatte.

Direkt hinter uns standen an einem weiteren Stehtisch zwei Pärchen, die vermutlich alkoholbedingt die Lautheit ihrer Stimmen nicht mehr richtig einschätzen konnten. Unfreiwillig wurde ich Zeuge ihrer Spitznamen. Neben einem ›Brummbärchen‹ gab es ein ›Maiglöckchen‹, ein ›zartes Mäuschen‹ sowie ein ›Männel‹.

Es war zum Verrückt werden. Von hinten drangen Satzfetzen an mein Ohr, von vorne referierte Else Schubert über irgendetwas, das ich nicht verstand. Zum Glück gab sie sich mit einem gelegentlichen Nicken zufrieden. Ich schaute ständig deutlich zur Uhr, ich gähnte, nichts von alledem half. Niemand bemerkte meine ausgesandten Notsignale.

Ein lauter Knall, gefolgt von splitternden Gläsern und einem weiteren Schlag brachte Abwechslung. Am

Tisch hinter uns war offensichtlich das Männel ohnmächtig geworden und hatte dabei Tisch und daraufstehende Gläser mit zu Boden gerissen.

Während wir erschrocken zur Seite hasteten, versuchten die Bekannten des Ohnmächtigen diesen wieder zum Leben zu erwecken. Keine Minute später, der Gefallene gab weiterhin keine Lebenszeichen von sich, drängte sich ein junger Mann vor. »Ich bin ausgebildeter Sanitäter. Lassen Sie mich mal ran.«

Der Sanitäter gab alles: Herzdruckmassage, Mund-zu-Mund-Beatmung, das volle Programm. Schließlich gab er auf und schüttelte den Kopf. »Da ist nichts mehr zu machen. Würde bitte jemand die Polizei rufen?«

»Wieso Polizei?«, fragte ich, der nach wie vor in der Nähe stand, mehr aus Neugier.

»Weil hier vermutlich ein Tötungsdelikt vorliegt«, antwortete der Sanitäter.

Eine Viertelstunde später kamen die Mitarbeiter von Frau Schubert. Auch ein Arzt war inzwischen dazugestoßen.

Die Kripoleiterin, die von den beiden Pärchen, die hinter uns standen, noch weniger wusste als ich, plusterte sich auf. »Ich habe alles genau beobachtet. Nehmen Sie erst mal die Daten der drei Begleiter des Toten auf, dann setzen wir uns zusammen und lösen den Fall.«

In der nächsten halben Stunde verfolgte ich das Geschehen aus der Zuschauerperspektive. Dank Else Schubert durfte ich, genauso wie die drei Bekannten des Opfers vor Ort bleiben. Der vermutlich ermordete Männel, mit richtigem Namen Albert von Weysenthal, war ein graumelierter Senior mit verspiegelter Mafiosibrille. Seine Gattin, wie wir mit der Zeit erfuhren, war das Maiglöckchen und sah etwas verlebt aus. Bei Brummbärchen handelte es sich um einen Geschäftspartner von von Weysenthals, das zarte Mäuschen war seine Lebensgefährtin.

Heinz-Peter, der leitende Beamte und direkter Untergebener Schuberts, dessen Nachname ich nicht kannte, befragte das weinende Maiglöckchen.

»Ich habe meinem Mann schon vor Tagen gesagt, dass er sich vor Freddie in acht nehmen soll.« Sie zeigte auf Brummbärchen. »Nur er hat ein Motiv, das Gift in das Glas meines Mannes zu schütten.«

In der Tat war längst festgestellt, dass sich in von Weysenthals Sektkelch eine noch unbekannte Substanz befand, die für seinen Tod aller Wahrscheinlichkeit nach verantwortlich zeichnete. Bereits der Sanitäter hatte einen leichten Bittermandelgeruch bei seinen Wiederbelebungsversuchen registriert.

»Ich soll Albert vergiftet haben?«, schrie Brummbärchen das Maiglöckchen an. »Darf ich daran erinnern, dass Albert selbst das Tablett mit dem Sekt an der Bar besorgt hat? Ich hatte überhaupt keine Gelegenheit, etwas in Alberts Glas zu schütten. Frau Kommissarin, durchleuchten Sie viel lieber ihre Vergangenheit. Sie hat ihren Mann finanziell ausgequetscht wie eine Zitrone. Außerdem gab es in der Vergangenheit mehrere mysteriöse Unfälle, die Albert nur knapp überlebte. Und jedes Mal war seine Gattin an vorderster Front dabei.« Er lachte arrogant auf.

Maiglöckchens Tränen waren versiegt. Der Hass stand ihr im Gesicht. »Ich habe meinen Mann immer geliebt. Das waren alles dumme und zufällige Unfälle, wie sie jeden Tag passieren. Das hat auch die Polizei bestätigt.« Alberts Witwe ging aufs Ganze. »Ihr zartes Mäuschen ist auch nicht ohne«, giftete sie zurück. »Muss ich daran erinnern, dass sie vor zehn Jahren als Buchhalterin bei meinem Mann angestellt war und er sie entlassen musste, weil sie mehrmals in die Firmenkasse gegriffen hatte?«

So ging das eine Zeit lang hin und her. Die Kripobeamten reagierten richtig und ließen der hitzigen Diskussion der drei ihren freien Lauf. So viel wie sie im Moment freiwillig erzählten, würden sie es nie wieder tun. Alle Beteiligten hatten mehr oder weniger ein Motiv, wenn die Geschichten nur halbwegs stimmten. Wahrscheinlich würden die Kollegen in den nächsten Tagen in dieser Schlangengrube weitere Motive finden.

Als Else Schubert mit Heinz-Peter und dem Notarzt an der Bar disputierten, hatte ich Gelegenheit, den Toten, der nach wie vor auf dem Boden lag, näher zu betrachten. Just in dem Moment, als ich mich über ihn beugte, vibrierte in seiner Jacke das lautlos gestellte Mobiltelefon. Ohne zu überlegen, zog ich es aus der Tasche des Toten und meldete mich mit einem geflüsterten ›Ja‹.

»Hi, mein Männel, hier ist deine Bussibussi. Hat es geklappt mit dem Gift? Hast du deine Alte endlich in die Hölle befördert? Wann fliegen wir in die Karibik?«

60 Weinheim liegt am Übergang zwischen der Rheinebene und dem Odenwald und hat sehr viel für alle Altersgruppen zu bieten: http://www.weinheim.de/
Unter »Portrait« finden Sie die Geschichte der Stadt

61 Die Burgruine Windeck besteht aus Torhaus, dem 28 Meter hohen Bergfried, dem ehemaligem Palas und einem Innenhof, in dem im Sommer ein Biergarten öffnet. Im Fußboden des Bergfrieds befindet sich das Angstloch, das zum elf Meter tiefen Verlies führt.
http://www.burg-windeck.de

62 Die Wachenburg wurde im Stil einer romanischen Höhenburg von 1907 bis 1928 gebaut. Das Gebäude ist an bestimmten Terminen zu besichtigen.
http://www.wachenburg.com/de/home

63 Auf dem Hirschkopf steht ein Aussichtsturm, der eine Aussicht über das Weschnitztal, den Odenwald und die Rheinebene bietet. http://de.wikipedia.org/wiki/Hirschkopf_(Baden)

64 Auf dem Gipfel des Eichelbergs steht die Mannheimer Hütte der Ortsgruppe Mannheim des Odenwaldklubs in einem Turm mit Aussichtsplattform.
http://www.eichelbergturm.12hp.de/index1.html

65 Das Weinheimer Schloss gehörte früher den Fürsten der Kurpfalz und ist heute der Sitz der Verwaltung der Stadt Weinheim. Im südlichen Teil des Schlosses befindet sich ein Restaurant.
http://de.wikipedia.org/wiki/Weinheimer_Schloss

66 Der Exotenwald in Weinheim ist mit 60 Hektar einer der großen in Europa. Von 400 Baum- und Straucharten, deren Anpflanzung bisher versucht wurde, sind 170 übrig geblieben.
http://www.weinheim-marketing.de
Unter »Weinheim sehenswert« finden Sie weitere Informationen

67 Zwischen Rhein im Westen, der Bergstraße im Osten und von Lampertheim im Süden bis hinauf nach Groß-Gerau erstreckt sich das Hessische Ried.
http://de.wikipedia.org/wiki/Hessisches_Ried

CARTOON

KAPITEL 7

LUDWIGSHAFEN – TOR ZUR PFALZ UND ZU HIMMEL UND HÖLLE

Von Larissa J. Schneider

Kleine Brüder sind doof.

Das Leben wäre so einfach, wenn es keine kleinen Brüder gäbe. Ständig muss man auf sie aufpassen, wenn man in den Ferien mal was alleine machen will. Letzte Woche bin ich mit meiner Freundin Emilie nach Neuhofen in den Tierpark geradelt. Wen mussten wir mitnehmen? Natürlich Paul, die Nervensäge. Ständig ist er neben uns hergetrottet und hat uns mit seinen angeblichen Witzen genervt. Er ist selbst zu doof, um auch nur fünf Minuten still zu sein. Und daheim hat er bei Mama und Papa gepetzt, bloß weil ich ihn ins Gebüsch geschupst hab, als er mal wieder meinte, seinen Mund aufmachen zu müssen.

Vorgestern waren wir mit der ganzen Familie im Maudacher Bruch. Nicht genug, dass die Eltern dabei waren und ständig etwas zu motzen hatten, nein, auch Paul musste mit. Hätte man nicht wenigstens den zuhause vor dem Fernseher sitzen lassen können? Der hätte wahrscheinlich gar nicht bemerkt, dass wir weggegangen wären.

Und heute wollte ich zu meiner Cousine Paula nach Ludwigshafen. Auch da will Paul mit, hat unsere Mama befohlen. Schließlich sei Paula genauso seine Cousine wie meine. Und da Mamas sowieso immer Recht haben und sie uns mit dem Auto nach Ludwigshafen fuhr, hatte ich keine Chance. Selbst als ich ihr versicherte, dass ich den Tag mit diesem schrecklichen Bruder nicht überleben würde, blieb sie hart. Ob mein Leben hier überhaupt zählte?

»Wo geht ihr heute überall hin, Melanie?«, fragte Mama, als sie in Ludwigshafen am Südweststadion vorbeifuhr.

Mit einem gehässigen Grinsen in Richtung Paul antwortete ich: »Wir wollen in die Rheingalerie shoppen gehen.« Das war etwas, was Paul überhaupt nicht mochte. Wenn wir mit Mama und Papa mal unterwegs waren, war es immer das Gleiche mit ihm. Ständig trottete er mit seinem Ich-schlaf-gleich-ein-Gesicht neben uns her und fragte alle zwei Minuten, wann wir endlich fertig seien?

Paula wohnte in der Stadtmitte in der Nähe des Pfalzbaus und dem Wilhelm-Hack-Museum.

Nach zahlreichen Belehrungen und einem dummen Satz von Paul: »Ich passe auf Melanie auf, Mama, damit sie nicht wieder was anstellt«, verabschiedete sich unsere Mutter endlich und wir waren mit Paul und unserer Tante allein.

Nachdem wir Tee getrunken und einen seltsam nach Karotte schmeckenden Kuchen gegessen hatten, machten wir uns auf den Weg. Also natürlich erst, nachdem

Paul seine Sauerei wieder einigermaßen weggekehrt hatte. Typisch Paul, kann noch nicht mal essen, ohne sich daneben zu benehmen!

»Wir gehen zur Rheingalerie«, verabschiedete uns Paula von ihrer Mutter.

»Gibt's hier keinen Abenteuerspielplatz?«, nörgelte Paul.

»Selbst schuld«, entgegnete ich genervt. »Wärst du daheim geblieben, hätten wir unsere Ruhe.«

»Ich muss doch auf dich aufpassen«, gab mein Bruder zurück. Das wird er bezahlen müssen.

»Was ist das für ein Turm?«, fragte Paul plötzlich. »Da fehlt doch die Kirche.«

Paula erklärte es ihm. »Die Kirche wurde im Krieg zerstört, nur der Turm blieb stehen. Da drin befindet sich die Cafédrale Turm 33.«

Am Knödelbrunnen in der Bismarkstraße vorbei kamen wir schließlich zu dem riesigen Einkaufszentrum. Auf zwei Etagen gab es unheimlich viele Geschäfte. Paul motzte bereits nach zehn Metern.

»Setz dich doch da vorne an den Brunnen«, empfahl ich. »Da kannst du wie die kleinen Kinder mit Wasser spritzen. Und vielleicht holen wir dich auf dem Rückweg wieder ab. Ansonsten kannst du heute Abend bei der Polizei einfach behaupten, du würdest in München wohnen, dann haben wir auch unsere Ruhe!«

Paul war glücklicherweise damit einverstanden, sogar mit dem zweiten Teil meines Plans. Er war der Meinung, dass er dann meine dummen Kommentare nicht mehr aushalten musste. Paula und ich haben das natürlich ausgenutzt und sind zwei Stunden durch die Geschäfte gestreift.

Vollgepackt mit Tüten gingen wir schließlich zurück zum Brunnen, denn den Streit mit Mama, wenn Paul nicht mehr da wäre, wollte ich mir heute Abend nicht antun. Mein Bruder saß wirklich noch dort und wartete. Neben ihm lagen mehrere leere Becher und Einwickelpapier. Typisch Paul, nie dachte er an etwas anderes, außer vielleicht an Computer spielen.

»Hast du dich gut amüsiert?«, lästerten wir, als wir uns müde neben ihn setzten.

»Ich bin pappsatt«, sagte er. »Wenn ich heute Abend bei Mama behaupte, wir hätten ganz gesund nur Gemüse gegessen, dann überlebe ich vielleicht auch das Abendessen!«

»War bestimmt schön, zwei Stunden dem Brunnen zuzuschauen«, ärgerte ich ihn weiter, ganz ohne auf seinen ausnahmsweise mal nachvollziehbaren Einwand zu reagieren.

»War überhaupt nicht langweilig«, konterte er. »Ich habe mir die Leute angeschaut. Da gibt's schon ein paar komische Menschen. Da war auch so ein Pärchen, die haben ganz geheimnisvoll getan. Irgendwas haben die angestellt, das ist klar. Wegen euch konnte ich denen leider nicht folgen. Sonst hättet ihr mich nicht gefunden. Wenn die was angestellt haben und das rauskommt, dann sag ich Papa, dass ihr zwei daran schuld seid, dass ich die nicht gekriegt hab!«

»Oh, ich glaube, wir hätten es schon verkraftet, wenn du denen nachgegangen wärst.«

Paula hatte eine gute Idee. »Los, wir gehen hoch zum Parkdeck. Da hat man eine fantastische Aussicht.«

»Das ist aber ein riesiger Parkplatz, da könnte bestimmt auch Mama einparken«, staunte Paul, als wir oben angekommen waren. »Und dann noch zweistöckig.«

Während wir in Richtung Rhein schauten und Frikadellenbrötchen futterten, klopfte mir Paul auf den Rücken. »Da hinten steht die Frau und der Mann, von denen ich euch vorhin erzählt habe.«

Unauffällig beobachten wir das Pärchen. Die Frau, die langes braunes Haar hatte, stand mit dem Rücken zu uns. Ihr gegenüber ein glatzköpfiger Mann, der noch gar nicht so alt zu sein schien. Beide hielten einen Rucksack vor sich und kramten darin geheimnisvoll herum. Dabei blickten sie sich ständig nervös um. Schließlich bemerkten die beiden uns. Vor allem deshalb, weil Paul viel zu auffällig zu ihnen rüberstarrte.

Der Mann und die Frau schlossen ihre Rucksäcke und gingen schnell in Richtung Zugang zur Galerie.

»Los, die verfolgen wir«, sagte ich zu Paula und Paul. »Aber mit großem Abstand, bitte.«

Das Pärchen lief um sich schauend durch die Ladenpassage und verließ schließlich durch einen Seiteneingang die Rheingalerie.

»Die laufen in Richtung Innenstadt. Da wird es leicht, ihnen zu folgen.«

Zum Glück hatten die beiden es draußen nicht mehr so eilig und wir verloren sie nicht aus den Augen. In der Ludwigstraße blieb das Pärchen an einer Straßenbahnhaltestelle stehen.

»Was machen wir, wenn die in die Straßenbahn einsteigen?«, fragte ich meine Cousine.

»Kein Problem«, antwortete sie. »Ich habe immer ein paar Fahrscheine dabei, man kann ja nie wissen.«

Tatsächlich stiegen der Mann und die Frau in die nächste Bahn ein. Zwei Türen dahinter schlüpften wir ebenfalls rein.

»Weißt du, wo die Bahn hinfährt?«, flüsterte Paul Paula zu, obwohl wir ganz weit weg von den anderen standen.

»Nach Friesenheim«, antwortete Paula. »Da kenne ich mich aber nur sehr wenig aus.« Das könnte dann vielleicht ein Problem werden, dachte ich, doch ein paar Haltestellen später stieg das Pärchen aus und wir folgten ihm. In dieser Gegend war ich bestimmt noch nie gewesen.

»Da sieh mal an«, meinte schließlich Paula. »Ich bin mir jetzt sicher, wo die hingehen.«

»Jetzt sag schon!«, forderte ich sie auf, da ich nun doch sehr neugierig geworden war.

»Schau doch. Da vorn ist der Ebert-Park. Und neben dem Parkplatz steht die Friedrich-Ebert-Halle. Da war ich mit meinen Eltern sogar schon in einem Konzert.«

Zum Glück kostete der Park keinen Eintritt. Unser Taschengeld hatten wir nämlich fast komplett in der Rheingalerie ausgegeben. Zuerst ging es ein paar Treppenstufen nach unten und wir blickten auf eine riesige Brunnenanlage, die allerdings ausgeschaltet war. Schade, da hätte ich Paul gerne reingeschupst und dann bei Mama einfach behauptet, er wäre gestolpert.

»Die gehen nach links in den Park«, stellte Paula fest.

»Ist es noch weit?«, motzte Paul, »Meine Füße tun schon weh!«

»Woher sollen wir das wissen?«, herrschte ich ihn an. »Setz dich halt hier hin und warte, bis wir zurückkommen.«

Doch Paul war mindestens so neugierig wie ich. Wir kamen an ein paar Vogelvolieren vorbei, dann ging es nach links zu einem Weiher. Auf einer Wiese stand eine Sonnenuhr. Vor dem Weiher bogen die beiden rechts ab. Wir mussten jetzt vielmehr aufpassen und den Abstand vergrößern, da hier nicht so viele Leute waren und man sehr weit schauen konnte.

»Wo geht's da hin?«, fragte ich meine Cousine.

»Da hinten hört der Park eigentlich auf.« Sie überlegte. »Da ist nur noch ein Spielplatz und eine Minigolfanlage.«

»Oh ja, auf dem Spielplatz gibt es bestimmt auch Bänke, da können wir uns hinsetzen und erst mal ausruhen«, meinte Paul, der mal wieder seine Klappe nicht halten konnte.

»Nix da! Jetzt lauf ein bisschen schneller, die gehen da vorne auf die Minigolfanlage!«

Unauffällig stellten wir uns hinter den beiden an. »Du hast bestimmt auch ein bisschen Lust auf Minigolf?«, fragte ich Paul. »Natürlich, wenn ihr damit klarkommt, gegen den Minigolfkönig Paul zu verlieren!«

Dieser Angeber! Jetzt tut er so, als ob er der unerschrockenste Typ überhaupt wäre, aber bei einer Plastikspinne im Schuh brüllt er, als ob er gefressen wird.

Von unserer Station direkt hinter den beiden konnten wir sehen, wie ein Mann in komplett dunkler Kleidung zu ihnen kam. Die Frau öffnete ihre Tasche, und ich konnte von meinem Platz, hinter einem Baum, genau sehen, dass die Tasche voll mit goldenem Schmuck war.

»Und jetzt her mit dem Geld, dann ist das Geschäft für uns beide erledigt!«, flüsterte sie dem Neuling zu. »Und ihr seid absolut sicher, dass niemand die Fälschung enttarnen wird?«, fragte dieser nervös. »Für wie dumm hältst du uns eigentlich?«, gab die Frau genervt zurück, riss dem Mann das Bündel Geldscheine aus der Hand und stellte ihm ihren Rucksack auf die Füße.

»Cool, die hat da was verloren!«, meinte Paul, nachdem die drei ihr Spiel plötzlich beendet hatten und in Richtung Straße liefen. Halb auf dem Gehweg parkend stand dort ausgerechnet Papa! Das war aber mal ein Zufall! Ob er uns verfolgt oder nachspioniert hat? Und warum schnappte er sie nicht einfach?

Schnell lief ich zu ihm hin. Er schien sichtlich erstaunt, uns hier zu treffen. Wie ich später erfuhr, hatte Mama ihn dazu überreden können, Frau Ackermann zu einem Spaziergang in den Ebert-Park zu fahren, weil ihr Auto in der Werkstatt war. Sie war wohl abgelenkt gewesen und an einen Baum gefahren!

Fast in einem Paul-Tempo erzählte ich ihm, was wir gerade gesehen hatten, doch natürlich glaubte er mir kein Wort. Und die Gauner waren schon fast an der nächsten Ecke! Doch leider muss ich sagen, dass zum Glück Paul in diesem Moment angelaufen kam. In seiner Hand hielt er die Goldkette, die die Frau fallen gelassen hatte. Als das Papa sah und meine Geschichte gehört hatte, rannte er los, oder zumindest lief er etwas schneller als beim Einkaufen. Paula und ich beschlossen, ihm den Spaß alleine zu lassen und machten uns auf den Heimweg.

Abends beim Abendessen, Paul konnte sich nicht herausreden, erzählte Papa der Mama, wie er mal wieder ganz alleine die Gauner geschnappt und das Verbrechen aufgeklärt hatte. Doch ich beschloss, dass er dieses Mal nicht damit davon kommen würde, ich würde seine Lüge aufklären und überall veröffentlichen! Selber schuld!

68 Der Wildpark Neuhofen ist in Ludwigshafen und der Region ein beliebtes Ausflugsziel. Adresse: Neuhöfer Straße 48, 67065 Ludwigshafen
http://www.wildpark-rheingoenheim.de/startseite.htm

69 Das Maudacher Bruch ist 575 Hektar groß und erstreckt sich auf die Gemarkungen Maudach, Oggersheim und Mundenheim.
http://www.ludwigshafen.de/lebenswert/im-gruenen/maudacher-bruch/

70 Das Südweststadion wird heute auch für kulturelle Großveranstaltungen genutzt. Unter anderem gab sich hier Michael Jackson die Ehre.
http://www.ludwigshafen.de/lebenswert
Unter »Sport« finden Sie nähere Informationen

71 Der Pfalzbau ist ein Konzert- und Theaterbau ohne eigenes Ensemble, da es als Gastspieltheater geführt wird.
http://ludwigshafen-pfalzbau.de/

http://www.theater-im-pfalzbau.de/

72 Das Wilhelm-Hack-Museum ist ein Museum für moderne und zeitgenössische Kunst. Joan Miró hat 1980 mit einer Keramikfassade das Wahrzeichen des Museums geschaffen.
http://www.wilhelmhack.museum/

73 Im Lutherturm der ehemaligen Lutherkirche befindet sich unter anderem das ital. Restaurant »La Torre Da Angelo«.
http://www.turm33.de/

74 Auf einer Verkaufsfläche von 30.000 Quadratmetern befinden sich auf zwei Etagen rund 130 Geschäfte.
http://www.rheingalerie-ludwigshafen.de/

75 Besonders markant ist an der Friedrich-Ebert-Halle die hyperbolische Dachform. Die Halle bietet eine Ausstellungsfläche von 3900 Quadratmetern im Großen Saal und in den Foyers sowie ein Vorgelände mit einer Fläche von 24.000 Quadratmetern.
http://ludwigshafen-eberthalle.de/

76 Im Ebertpark gibt es eine Minigolf-Anlage, Bolz- und Spielplätze, Boule-Bahn, ein Murmelstadion und einen Kleintierzoo. Außerdem findet man hier mehrere Sondergärten (Rosengarten, Blindengarten, Quellgarten mit verschiedenen Wasserbecken).
http://www.ebertpark.de/

CARTOON

KAPITEL 8

LAST TEATIME IN WIESLOCH – PALZKI CLASSIC (2006)

Es hätte so ein schöner Tag werden können.

Die spätsommerlichen Temperaturen, der leichte Westwind, der über die Rheinebene strich sowie die Kraft der sonntagnachmittäglichen Sonne waren Balsam für die gestresste Seele von Kriminalhauptkommissar Reiner Palzki und den vielen anderen Gästen des Speyerer Brezelfestes.

Vor einer guten Stunde hatte Palzki seine Kinder Paul und Melanie bei seiner von ihm getrennt lebenden Frau Stefanie abgeholt, um die beiden mit diesem Ausflug etwas von ihrem Schulalltag abzulenken. Doch die kurze Zeit hatte bereits genügt, um den Vater in ein gewisses Maß an Abgeschlagenheit zu versetzen. Früher fuhr er gerne Riesenrad, heute dagegen zehrten seine Bauchkrämpfe und Schwindelgefühle noch stundenlang von dem scheinbar nicht enden wollenden Auf und Ab.

Den Kinderwillen brav folgend, ließ er sich nun zum 3D-Horror-Trip führen, das mit riesigen Plakaten als weltgrößte mobile Geisterbahn beworben wurde.

Mit bereits gezückter Geldbörse wartete er geduldig darauf, dass die fünfköpfige Familie vor ihm an der Kasse ihre Eintrittskarten löste.

Der Familienvater, kahlköpfig und ziemlich opulent, schien mit der Kassiererin in Streit zu geraten. Palzki beobachtete, wie er sich plötzlich mit knallrotem Kopf zu seiner Frau umdrehte und lauthals schrie:

»Else, stell dir mal diese Sauerei vor!«

Vor Aufregung musste er erst mal schlucken, bevor er überhaupt weiterreden konnte.

»Vier Euro wollen diese Nepper für eine Fahrt. Ich soll für uns doch tatsächlich 20 Euro löhnen.«

Er begann zu toben.

»Da werden Großfamilien wie wir mal wieder ordentlich abgezockt. Das kann sich doch kein Mensch mehr leisten!«

Sein cholerischer Wutanfall wurde immer heftiger. Zahlreiche Passanten blieben stehen. Und dann passierte es: Von einer Sekunde auf die andere fiel dieser eben noch tobende Mann Mausetod direkt in die Arme des daneben stehenden Reiner Palzki.

Der Kriminalkommissar reagierte sofort und noch während er den Familienvater vorsichtig zu Boden gleiten ließ, rief er den in der Schlange stehenden und geschockten Brezelfestbesuchern zu: »Kann jemand von ihnen bitte sofort einen Notarzt verständigen?«

Palzki versuchte erfolglos, den Puls des Mannes zu fühlen. Trotzdem begann er gekonnt mit einer Herzdruckmassage mit abwechselnder Mund-zu-Mund-Beatmung. Als wenige Sekunden später ein Sanitäter mit einem Erste-Hilfe-Koffer herangestürmt kam und fünf Minuten darauf der Notarzt an Ort und Stelle war, stand bereits fest: Für diesen Mann gab es keinen Weg zurück.

Reiner Palzki schickte seine Kinder mit einem Geldschein zum nächsten Bratwurststand. Melanie würde auf ihren jüngeren Bruder aufpassen, darauf konnte er sich meist verlassen.

Für einen Augenblick beobachtete er die Familie des Verstorbenen. Dabei hatte der Kriminalhauptkommissar den Eindruck, dass die drei Kinder im Alter von schätzungsweise acht bis vierzehn Jahren nicht wirklich erschüttert wirkten. Klar, sie werden sicherlich unter Schock stehen, folgerte er.

»Kommen Sie«, sprach er die weinende Frau und ihre Kinder an. »Lassen Sie uns ein wenig zur Seite gehen. Es wird sich gleich ein Arzt um Sie kümmern.«

Willig ließ sie sich von Palzki zur Seite führen und auch die Kinder folgten wortlos. Frau Else Hoffmann schüttelte verzweifelt den Kopf. »Wie konnte das nur passieren? Alfred war kerngesund, gerade letztes Wochenende hatte er das Vereinsfest des Odenwald-Wanderklubs mitorganisiert. Und auch der Nordic-Walking-Wettbewerb fand unter seiner Leitung statt. Miriam, Luka und Denis haben ihren Vater dabei tatkräftig unterstützt. Deshalb sind wir heute zur Belohnung zum Brezelfest gegangen.«

In diesem Moment kamen zwei Ärzte an, um sich um Frau Hoffmann und die Kinder zu kümmern.

Palzki wollte gerade zu seinen eigenen Kindern gehen, als er zufällig ein Gespräch zwischen zwei älteren Herren mithörte, die neben dem Kassenhäuschen standen und sich über den Vorfall unterhielten.

»Jetzt hat es den Alfred endlich erwischt. Irgendwann musste so etwas mal passieren. Da werden wohl nun in Wiesloch einige Leute aufatmen können.«

»Ja, da hast du recht. Und seine Familie wird sicherlich auch froh darüber sein. Der wollte doch bloß mal wieder aus Prestigegründen mit seiner Frau und den Kindern Ausgehen, um gesehen zu werden. In Wirklichkeit war ihm seine Familie doch schnurzpiepegal. Hauptsache sein Ansehen stand wie eine Eins und jeder blickte ehrfurchtsvoll zu ihm auf.«

»Nicht umsonst wurde er immer hinter seinem Rücken als General Hoffmann verspottet.«

Palzki wollte den Herren gerade ein paar Fragen stellen, als er sah, dass der Leichnam abtransportiert werden sollte.

»Guten Tag, ich bin von der Kriminalpolizei, Reiner Palzki ist mein Name. Sie müssen sich leider mit dem Abtransport der Leiche noch etwas gedulden. Ich habe allen Grund zu der Annahme, dass hier ein Kapitalverbrechen vorliegt.«

Der Arzt schaute ihn verblüfft an. »Wieso Kapitalverbrechen? Wie kommen Sie darauf? Ich bin gerade dabei, den Totenschein auszufüllen. Hier liegt doch eindeutig ein Herzversagen vor. Wie ich hörte, waren Sie selbst Zeuge dieses Ereignisses.«

»Mit dem Herzversagen können Sie durchaus richtig liegen. Aber dafür war meiner Meinung nach nicht der Tobsuchtsanfall ausschlaggebend. Mir ist da etwas aufgefallen, was mir gar nicht so gefallen will. Bei meinen Beatmungsversuchen habe ich einen Geruch wahrgenommen, der mich an etwas ganz Bestimmtes erinnert hat. Deshalb sollten wir besser prophylaktisch eine Obduktion beantragen, sicher ist sicher.«

»An was hat Sie denn der Geruch erinnert? Ich habe überhaupt nichts Verdächtiges bemerkt«, fragte der Arzt überrascht.

»Es hat mich an eine chemische Reaktion nach einer Gifteinnahme erinnert. Ich habe mal an einem speziellen Giftseminar teilgenommen, deswegen ist mir der Geruch vertraut.«

Das freie Wochenende war für Palzki nun Makulatur. Als kommisarischer Chef der Schifferstadter Kriminalinspektion hatte er sich sofort in den Dienst versetzt und eilig eine Ermittlungsgruppe zusammengetrommelt. Inzwischen kam auch seine Frau Stefanie vorbei, um Paul und Melanie abzuholen.

»Wieder ein Grund, besser von dir getrennt zu leben. Jeder andere hat am Wochenende Freizeit, nur du nicht. Such dir einen anderen Job!«

Das war alles, was Stefanie zu ihm sagte, bevor sie mit den Kindern wieder verschwand.

Am nächsten Morgen besuchte Reiner Palzki die Familie des Verstorbenen. Den Winkelbungalow der Hoffmanns in Wiesloch fand er ohne Probleme. Direkt in den Hang hineingebaut, hatte man nicht nur eine herrliche Sicht, sondern auch eine Fernsicht, die erst an der Dunstglocke im Zentrum des Rhein-Neckar-Dreiecks in Unschärfe überging.

Palzki erinnerte sich an seine früheren Besuche bei einem Schulkameraden, der in Wiesloch wohnte. Daher kannte er nicht nur das Wieslocher Schloss, sondern auch den berühmten Bierkeller, als er noch ein Restaurant beherbergte. Dass in dieser Gemeinde bis vor

60 Jahren Erzbergbau betrieben wurde und es sogar ein Feldbahnmuseum gab, wusste Palzki ebenso.

Als er das mit einer großen Hecke umfasste Grundstück betrat, war er überrascht, denn seitlich hinter dem Bungalow befand sich ein großer Kräutergarten, der offenbar mit viel Liebe fürs Detail angelegt wurde.

»Hallo!«, grüßte das große Mädchen, das im Garten stand und Palzki zuwinkte, während ihre beiden Brüder in der Nähe an einem kleinen künstlichen Wasserlauf spielten. Palzki ging auf die Kinder zu.

»Hallo ihr drei! Ich wollte euch und eurer Mutter mal einen Besuch abstatten. Macht es euch denn gar nichts aus, jetzt hier alleine im Freien zu spielen?«

»Wieso? Wir spielen doch immer hier«, antwortete der zehnjährige Luka. »Warum sollten wir das heute nicht tun, bloß weil Alfred nicht mehr da ist?«

»Alfred?«, fragte der Kriminaldirektor verblüfft. »War das nicht euer Vater?«

Miriam schüttelte den Kopf. »Nein, das war nur unser Stiefvater. Außerdem ist das nicht weiter schlimm, schließlich war er uns ziemlich egal, wir waren ihm auch egal.«

Palzki wollte von dieser unangenehmen Situation ablenken und schaute sich deshalb ausgiebig im Garten um.

»Schön habt ihr es hier. Da wächst wirklich alles, was es in unseren Breiten so gibt. Ich kenne mich damit ein bisschen aus.«

»Unsere Mutter macht aus den verschiedenen Pflanzen Teemischungen und verkauft sie auf dem Wochenmarkt. Wir dürfen da auch alle mithelfen.«

»Ist eure Mutter im Haus?«

»Ja, gehen Sie nur rein, sie räumt gerade auf.«

Else Hoffmann hatte Palzki schon durch ein Fenster gesehen und kam ihm entgegen. Else sah um zehn Jahre gealtert aus. Das verweinte Gesicht, die Augenringe, man sah es ihr deutlich an, dass sie das alles sehr mitgenommen hatte.«Tag, Herr Palzki. Sie haben es aber eilig, hierher zu kommen.«

»Frau Hoffmann, Sie wissen bereits, dass der Verdacht einer Straftat besteht und bekanntlich sind frische Spuren immer die besten.«

»Ich kann mir wirklich nicht vorstellen, wer meinen Mann umgebracht haben sollte. Er war doch in unserer Gemeinde überall so beliebt.«

»Erzählen Sie mir ein wenig über Ihren Mann. Wie verstand er sich mit den Kindern, was hat er die letzten Tage vor seinem Tod gemacht?«

»Hm, das letzte Wochenende widmete er komplett der Organisation des Vereinsfestes. Alfred half überall mit, denn ohne ihn funktionierte es nie. Auch den Nordic-Walking-Wettbewerb am Montag hatte er fast ganz alleine auf die Beine gestellt. Die Kinder, komisch das Sie danach fragen, die durften ihrem Vater bei alldem selbstverständlich mithelfen. Ich glaube, dass ihnen das sehr viel Spaß gemacht hat.«

»Frau Hoffmann, können Sie mir sagen, wer Ihrem Mann beim Organisieren der Veranstaltung geholfen hat?«

»Lassen Sie mich überlegen, vielleicht kann Ihnen da der Kurt Mayer von der Gemeindeverwaltung weiterhelfen. Er wohnt allerdings in Hockenheim.«

Nachdem sie Reiner Palzki die genaue Adresse mitgeteilt hatte, verabschiedete er sich. Palzki fuhr nach Hockenheim, und nutzte die Zeit, um in Ruhe nachdenken zu können.

Hockenheim war natürlich durch den Hockenheimring und dem Motor-Sport-Museum berühmt. Aber auch das größte Spaßbad der Umgebung, das Aquadrom, besuchte Palzki zusammen mit seinen Kindern regelmäßig.

Herr Mayer erwartete den Kriminalkommissar bereits, offensichtlich hatte Else Hoffmann ihn in der Zwischenzeit angerufen.

»Kommen Sie rein, Herr Palzki. Das mit Alfred ist schon ein starkes Stück, ich habe gehört, er soll ermordet worden sein? Unglaublich, doch womit kann ich Ihnen weiterhelfen?«

»Das scheint sich alles schnell herumzusprechen. Im Moment handelt es sich nur um einen Verdacht. Können Sie mir etwas Näheres über den Toten sagen?«

»Na ja, über Tote soll man nicht schlecht reden, aber ehrlich gesagt, er war ziemlich herrisch und jeder musste nach seiner Pfeife tanzen. Manche kamen damit gut zurecht, andere weniger.«

»Sind während der letzten Zeit irgendwelche ungewöhnlichen Dinge vorgefallen? Hat es Streitigkeiten gegeben?«

»Streit gab es jedes Jahr. Doch deshalb würde ihn niemand umbringen. Etwas Merkwürdiges ist aber tatsächlich vorgefallen. Die Preisgelder für den Nordic-Walking-Wettbewerb sind spurlos verschwunden. Dabei handelt es sich immerhin um einige hundert Euro. Der

Herbert, er arbeitet hier bei der Bank, schwört, dass er das Geld am Montagfrüh bei Alfred zu Hause abgegeben hat. Alfred hat das jedoch heftig abgestritten und zum Schluss dem Herbert sogar auf den Backen geschlagen.«

»Und, ist das Geld danach wieder aufgetaucht?«

»Nein, der Odenwaldklub hat es daraufhin freundlicherweise nochmals kurzfristig zur Verfügung gestellt. Deshalb laufen bereits entsprechende Ermittlungen gegen die beiden.«

»Was meinen Sie? Hatte Alfred da die Finger im Spiel?«

»Schwer zu sagen, es gibt einige in der Gemeinde, die trauen ihm so etwas zu. Vor zwei Jahren ist übrigens schon mal die volle Getränkekasse verschwunden. Auch damals wurde der Diebstahl nicht aufgeklärt.«

Palzki saß in seinem Büro und studierte gerade den vorläufigen Obduktionsbericht. Zufrieden nickte er mit dem Kopf, als er den Befund las. Er hatte mit seiner Vermutung mal wieder ins Schwarze getroffen. Wenn er nicht gerade zu dieser Zeit auf dem Brezelfest gewesen wäre, hätte darin wahrscheinlich kein Mensch ein Fremdverschulden erkannt.

Der Kriminalkommissar hatte noch etwas anderes in Erfahrung gebracht. Alfred Hoffmann hatte erst letzte Woche eine Verleumdungsklage gegen Kurt Mayer eingereicht. Darin soll sich dieser öffentlich von seiner Aussage distanzieren, dass Alfred Hoffmann beim Frühjahrsfest des Vereins eine 19-jährige Bedienung geschwängert hatte. Nach Palzkis bisherigen Nachforschungen stimmte die Geschichte vermutlich doch. Die Bedienung hatte sich bisher allerdings geweigert, hierzu Stellung zu nehmen. Ob Hoffmann sie für ihr Schweigen bezahlt hat? Als es an der Tür klopfte, wurde Palzki jäh aus seinen Gedanken gerissen. Herbert Born trat ein.

»Guten Tag, Herr Born. Freut mich, dass Sie so schnell kommen konnten.«

»Guten Tag, Herr Kriminalhauptkommissar. Wie ich Ihnen vorhin schon am Telefon sagte, habe ich Ihre Nachricht leider erst heute Morgen erhalten, ich war über das verlängerte Wochenende im Ausland gewesen.«

»Kein Problem, nehmen Sie bitte Platz, Herr Born. Es ist Ihnen inzwischen bekannt, dass am Samstag Alfred Hoffmann plötzlich verstarb. Wie wir hörten, sind die Preisgelder für den Wettbewerb verschwunden. Was können Sie mir darüber sagen?«

»Ich kann es immer noch nicht glauben, dass der Alfred tot sein soll. Und dann ausgerechnet vor einer Geisterbahn!«

Er überlegte kurz, bevor er nachdenklich weitersprach. »Das mit den verschwundenen Preisgeldern kann ich mir beim besten Willen nicht erklären. Ich habe das Kuvert mit dem Geld bei ihm zu Hause auf den Wohnzimmertisch gelegt. Und ich bin bereit, das vor jedem Gericht der Welt zu schwören.«

»Man hat mir erzählt, dass er Ihnen gegenüber sogar gewalttätig geworden ist«, unterbrach ihn Palzki.

»Ach, das war nicht der Rede wert«, winkte er lässig ab. »Da ist Alfred nur mal eben die Hand ausgerutscht. Er ist halt manchmal etwas jähzornig und aufbrausend.«

»Kurt Mayer sagte mir, dass der Verein das Geld kurzfristig erneut zur Verfügung gestellt hat, es aber wieder zurückhaben will.«

»Das ist korrekt. Zum Glück sitzt der Kurt im Vorstand, so konnten wir das gerade noch rechtzeitig auf dem kleinen Dienstweg regeln. Doch es ist klar, dass Geld muss auf jeden Fall wieder her. Ich habe aber keinen blassen Schimmer, wie wir das schaffen sollen. Nach Alfreds Tod ist es für mich noch schwieriger, zu beweisen, dass ich ihm das Geld nach Hause gebracht habe.«

Palzki versuchte nun, sein Gegenüber mit einem gewagten Bluff aus der Reserve zu locken.

Unvermittelt sagte er zu Born: »Hm, das ist alles nicht gerade sehr aufschlussreich. Wie lange dauert eigentlich schon Ihr Verhältnis mit Eva Hoffmann?«

Herbert Born explodierte förmlich. »Was soll ich? Wer hat Ihnen so einen Schwachsinn erzählt? Das ist erstunken und erlogen! Vielleicht der Mayers Kurt, aber ich doch nicht! Das muss ich mir nicht länger anhören!«

Herbert Born stand auf und verließ ohne ein weiteres Wort Palzkis Büro.

Palzki wusste, was er zu tun hatte. Der Grund für seine Fahrt war nicht sehr erfreulich. Er fand Else Hoffmann Kräuterpflückend in ihrem Garten. Die Kinder vergnügten sich in der Nähe auf einer alten Hollywoodschaukel.

»Hallo, Herr Palzki. Was gibt es Neues? Wissen Sie endlich, woran mein Mann gestorben ist?«

»Ja, Frau Hoffmann, das weiß ich jetzt mit Sicherheit.«

Palzki lief wie zufällig durch die Wege des Kräutergartens und betrachtete nebenbei jede einzelne Pflanze ganz genau. Schließlich blieb er abrupt in einer Ecke des Gartens stehen.

»Aha, dieser Pflanzenstängel gehört doch zu einem Roten Fingerhut. Wieso wurde der geerntet?«

»Geerntet? Das kann nicht sein.« Else Hoffmann kam ihm nach und sah ihn erstaunt und zugleich fragend an.

»Jemand hat offensichtlich die Blütenblätter entfernt. Sie wissen, dass roter Fingerhut schwer giftig ist? Es handelt sich allerdings um ein sehr unzuverlässiges Gift, zumal es in der tödlichen Dosis außerordentlich bitter schmeckt.«

Else sah entsetzt Palzki an.

»Wenn man allerdings die Blätter des Roten Fingerhutes als Essenz oder pur über einen längeren Zeitraum und in nur geringen Mengen verabreicht, so lässt einem das Gift den Blutdruck und den Puls unkontrolliert schwanken. Die kleinste Aufregung kann dann genügen, um einen sekundenschnellen Herztod herbeizuführen.«

Else Hoffmann war zur Salzsäule erstarrt.

Palzki drehte sich um und wandte sich nun an die Kinder: »Kommt doch bitte mal her.«

Als die drei vor ihm standen, stellte er sie ohne Umschweife zur Rede. »Wer von euch Dreien ist für den Fingerhut-Tee verantwortlich?«

Die Kinder sahen sich kurz an, schließlich trat der zehnjährige Luka vor.

»Ich habe das getan. Alfred hat Mama mal wieder geschlagen und außerdem war er auch noch böse zu Miriam. Das Geld haben wir ihm auch geklaut.«

77 Der Odenwaldklub e.V. ist mit ca. 14.000 Mitgliedern, die in 105 Ortsgruppen organisiert sind, einer der großen Gebietswandervereine im Südwesten Deutschlands.
http://www.odenwaldklub.de/

78 Die Stadt Wiesloch verfügt über einen reichen Bestand an Kunst im öffentlichen Raum. Das Wieslocher Bücherregal (Öffentlicher Bücherschrank) lädt alle Bücherfreunde ein, Bücher einzustellen oder herauszunehmen. Das Regal ist frei zugänglich.
http://www.wiesloch.de

79 Das Wieslocher Schloss geht auf eine mittelalterliche Burg zurück und ist mit Ausnahme des Bergfrieds abgerissen.
http://de.wikipedia.org/wiki/Schloss_Wiesloch

80 Das Städtische Museum legt seinen Schwerpunkt auf den Wieslocher Bergbau, der seit keltischer Zeit bis in die 1950er Jahr betrieben wurde. Adresse: Röhrbuckel, 69168 Wiesloch
http://www.wiesloch.de
Unter Freizeit + Kultur geht es weiter

81 Das Vereinsgelände des Feldbahnmuseums befindet sich in den Weinäckern, (gegenüber REWE-Frischelager).
http://www.feldbahnmuseum-wiesloch.de/

82 Der größte Park Hockenheims ist der Gartenschaupark, der anlässlich der 1991 stattgefundenen Landesgartenschau angelegt wurde.
http://www.gartenschaupark.de http://www.hockenheim.de

Nähere Informationen unter »Tourismus & Freizeit«

83 Das Motor-Sport-Museum am Hockenheimring präsentiert auf 2.200 Quadratmetern auch historische Rennwagen und Motorräder.
http://www.hockenheimring.de/museum

84 Das Spaßbad Aquadrom ist weit über die Region hinaus bekannt. Adresse: Beethovenstr. 41, 68766 Hockenheim
http://www.aquadrom-hockenheim.de/

CARTOON

KAPITEL 9

NEUSTADT – GRÄUELTATEN ZWISCHEN BERG UND TAL

Es hätte so ein schöner Tag werden können.

Man lernt nie aus. Ein Satz, der vor allem aus Sicht eines Kriminalbeamten immer wieder unterstrichen werden kann. Jahrelang fängt man die übelsten Verbrecher und denkt, sämtliche Abgründe und dunkle Seiten der Mitbürger beinahe blind zu erkennen, spätestens dann wird man mit einer weiteren, bisher unbekannten Absonderlichkeit der Gattung Homo sapiens konfrontiert.

In meinen Augen war die Tat durchaus begreiflich: Schließlich drehte es sich um meinen Chef Klaus P. Diefenbach, den wir alle nur KPD nannten. Doch erst einmal der Reihe nach.

Serienmörder sind vor allem eins: Hirngespinste von Krimiautoren, die ihren Lesern weiß machen wollen, wie raffiniert diese Kapitalverbrecher vorgehen und ihre jeweils nächsten Taten minutiös planen. Ein fiktiver Serienmörder tötet seine Opfer nach ihrem Beruf, weil es irgendwelche Parallelen zu Goethes Gedichten gibt, ein anderer tötet nach dem Kinderbuch »10 kleine Negerlein« und der dritte Serientäter tötet sämtliche Linkshänder, die an einem ungeraden Tag geboren wurden und blonde Haare haben.

Ich kann Ihnen versichern, dass es im Europa der letzten 200 Jahre niemals solch einen Vorfall gegeben hat.

Alles, was Sie je über diese Sachen gehört beziehungsweise gelesen haben, ist der Fantasie eines mehr oder weniger begabten Autors entsprungen.

Ich will damit nicht sagen, dass es keine Serienmörder gibt. Man denke nur an Jack the Ripper. Auch in Deutschland sind rund eine Handvoll solcher Fälle im 20. Jahrhundert aktenkundig geworden. Auch wenn die Täter im Gegensatz zu den fiktiven Geschichten in keinem Fall bewusst irgendwelche Spuren hinterlassen haben oder gar eine intellektuelle Schnitzeljagd mit den ermittelnden Behörden veranstalteten: Früher oder später hat man sie fast alle erwischt, und stets waren die Morde sexuell motiviert.

Dieses Motiv scheidet bei KPD natürlich aus.

Als unser Dienststellenleiter heute Morgen nicht zur Arbeit erschien, frohlockte ich innerlich. Vielleicht hatte er einen Unfall oder war krank? Etwas wirklich Schlimmes wünschte ich KPD natürlich nicht, nur gerade so viel, dass eine dauerhafte Dienstunfähigkeit gegeben war. Ganz schön fies, denken Sie? Das beruht auf Gegenseitigkeit. Auch KPD nahm schließlich jede Gelegenheit wahr, mich vor versammelter Mannschaft zu demütigen und mir mangelnde Berufsreife sowie Lebenstauglichkeit vorzuwerfen. Er oder ich, das war das unausgesprochene Gesetz zwischen uns beiden.

Daher ist es sicherlich leicht nachzuvollziehen, dass es wenig motivationsfördernd ist, meinem Chef aus einer bedrohlichen Lage helfen zu müssen. Was musste er sich auch von einem Verrückten, nur um solch einen Täter konnte es sich handeln, kidnappen lassen? Dem nicht genug, verlangte dieser für die Freilassung des Schifferstadter Kripoleiters ein Lösegeld. Und dann noch in einer exorbitanten Höhe. Hätte er nur ein kleines Gipsfigürchen gefordert, hätte man auf seine Forderungen eventuell eingehen können. Aber so?

Der Staat darf sich nicht erpressen lassen, hatte mal in den 70er Jahren ein Bundeskanzler gesagt, dessen Namen mir gerade nicht einfällt. KPD war Beamter und damit war für mich alles klar. So lauteten jedenfalls meine Argumente in der großen Lagebesprechung, an der auch der Landrat und weitere Kriminalbeamte aus Ludwigshafen und Mainz teilnahmen.

Der Vollständigkeit halber sollte ich noch erwähnen, dass der Kidnapper inzwischen darüber informiert war, dass er kein Lösegeld erhalten würde. Kaltschnäuzig antwortete er kurz darauf über eine anonyme E-Mailadresse, deren Rückverfolgung nicht möglich war. In knappen Worten kündigte er die Ermordung KPDs für heute Abend an. Um einen Ausgleich für das entgangene Geld zu haben, schlug er ein kleines Spiel vor. Ausgerechnet ich, ja, im E-Mail stand explizit Reiner Palzki, hätte eine minimale Chance, die Hinrichtung KPDs zu verhindern.

Ich war wenig angetan, mich in diesen Maßen für meinen Vorgesetzten einzusetzen. Womöglich würde ich selbst in Gefahr geraten? Das wäre unverantwortlich gegenüber meiner Familie.

Mit viel unterschwelligen Druck und letztendlich dem Androhen von dienstlichen Konsequenzen wurde ich von den Anwesenden überzeugt, mich der Sache anzunehmen. Ich versprach, nach Möglichkeit den Verbrecher festzunehmen. KPD erwähnte ich dabei nicht, um mir ein kleines Hintertürchen offenzuhalten. Schließlich konnte mir niemand einen Vorwurf machen, falls ich versehentlich zu spät kam.

Die Sache hatte allerdings einen Haken. Der erste Spielhinweis, so hatte es der Kidnapper im E-Mail genannt, lautete: »Lassen Sie sich von einem Elwetritsche bespucken«.

Das allein war eigentlich Beweis genug, dass es sich bei dem Täter um einen Verrückten handelte. Dass es sich bei den Elwetritschen um vogelähnliche Fabelwesen handelte, die hauptsächlich in der Pfalz beheimatet waren, wusste ich, genau wie man manchmal naive Touristen auf den Arm nahm und sie nachts zu einer Elwetritschejagd in den Wald einlud. Doch das diese spucken konnten, war mir neu. Meine Kollegin Jutta Wagner kam schließlich auf die Lösung.

»In Neustadt gibt's den Elwetritschebrunnen«, sagte sie. »Eine der Bronzefiguren kann Wasser speien.«

Dass dies die Lösung sein sollte, hielt ich für äußerst unwahrscheinlich. Um mein Versprechen einzulösen und mein Renommee nicht zu beschädigen, fuhr ich nach Neustadt. Unterwegs nutzte ich an einem Imbiss meines Vertrauens die Gelegenheit zur intensiven Nahrungsaufnahme. Mit einem mehr oder weniger gesunden Kalorienvorrat trat ich die Restfahrt nach Neustadt an. Ich parkte im Untergeschoss des Klemmhofes, der wegen seiner Grundwasserproblematik eine juristische Neverending-Story war. Ja, mit Wasser hatte Neustadt so seine Sorgen: Vor rund 50 Jahren hatte man in der Altstadt den Speyerbach und den Floßbach kanalisiert, um gegenüber dem wachsenden Verkehr gewappnet zu sein. Der alte Weg am Bach, das Bachgängel und vieles mehr in der historischen Altstadt wurden unwiderruflich zerstört. Ohne diesen Eingriff würde die heutige Neustadter Altstadt vermutlich zum Weltkulturerbe gehören. Heutzutage versuchte man in Neustadt nicht das Wasser, sondern den Verkehr in Tunneln zu verbannen.

Direkt neben dem Klemmhof befand sich der Marstallplatz mit dem 1978 von Gernot Rumpf installierten Fabelwesenbrunnen.

Ein paar Kinder spielten in dem Wasser, während es sich die Erziehungsberechtigten in einem der platzumsäumenden Cafés bequem machten und ihre Smartphones streichelten. Als einziges Nichtkind betrachtete ich mir die bronzenen Elwetritschfiguren aus der Nähe und tat so, als hegte ich künstlerisches Interesse an der Brunnengestaltung. Obwohl ich wusste, dass eines der Fabelwesen scharf schoss, beziehungsweise spie, wurde ich von dem Wasserstrahl völlig überrascht. Ein paar Kinder feixten, während ich mir die Stirn trocknete. Egal, ich hatte das vermeintliche Etappenziel des Spiels gefunden, so hoffte ich wenigstens. Würde jetzt der Spielleiter, sprich der Kidnapper, zu mir kommen und mir gratulieren? Unwahrscheinlich, wie ich mir selbst eingestand. Ich überlegte, wie ein Krimiautor dieses Problem lösen würde. Es gab eigentlich nur eine Antwort: Ich bückte mich, um die Figur an versteckten Stellen untersuchen zu können. Ich hatte Glück und zog den gefundenen Zettel, der mit Paketband an der Bronzefigur befestigt war, ab. Ein zweiter Wasserstrahl traf mich im Genick.

›Gehen Sie zum Kuckucksbähnel in den Lokschuppen und untersuchen die roten Teile Speyerbachs‹, lautete die nächste konfuse Nachricht. So etwas in der Richtung hatte ich erwartet. In allen Krimis, die ich bisher gelesen hatte und nach diesem Muster funktionierten, lief die mörderische Schnitzeljagd über mehrere Etappen. In den fiktiven Varianten wurde jedes Mal schlussendlich der Serientäter geschnappt. Ich hoffte, dass dies auch für diese reelle Variante, in der ich mich gerade befand, galt.

Mir fiel noch etwas auf: Auf der Rückseite befand sich eine unvollständige Zeichnung eines Cartoons. Als regelmäßiger Zeitungsleser erkannte ich das Motiv sofort. Es handelte sich um einen Cartoon des 100%-PÄLZER!, wie ihn der Zeichner Steffen Boiselle jedes Wochenende für die Sonntagsausgabe der Rheinpfalz zeichnete. Da mir diese Zeichnungen sehr gefielen, wusste ich auch, dass dieser Boiselle einen eigenen Verlag besaß, mit dem er nicht nur Cartoons des 100%-PÄLZER! in Buchform anbot, sondern auch auf anderen typisch pfälzischen Produkten wie Dubbegläser. Ich wusste sogar, dass sich Boiselles Agiro-Verlag hier in Neustadt befand. Zufall? Daran mochte ich im Moment nicht denken.

Der Fußweg war überschaubar kurz und daher auch für mich konditionsmäßig zu verkraften, ohne körperliche Reserven mobilisieren zu müssen. Direkt hinter dem Neustadter Bahnhof befand sich das Eisenbahnmuseum in einem Lokschuppen und weiteren historischen Gebäuden. Von hier führt eine 13 Kilometer lange Nebenstrecke über Lambrecht und das Elmsteiner Tal zum Endhaltepunkt in Elmstein. Jahrzehnte lag die Strecke brach, bis sich ein Museumsverein gründete und das sogenannte Kuckucksbähnel im Museumsverkehr meist am Wochenende für Touristen und Fans historischer Loks und Bahnwagen fahren ließ.

Da ich gerade erst im letzten Jahr mit meiner Familie mit dem Bähnel gefahren bin, kannte ich den Weg zum Museum, der über eine Treppe führte. Die Tür zum Lokschuppen stand offen, obwohl heute keine Fahrt anstand. Ich kam nicht weit.

»Hallo, was machen Sie hier?«, schrie ein Mann im Arbeitsoverall von einer Dampflok herunter. »Wir haben seit 13 Uhr geschlossen.«

Ich ging in seine Richtung und wartete, bis er von der Lok gestiegen war.

Nachdem ich mich vorgestellt und meinen Dienstausweis gezeigt hatte, stand ich vor meinem nächsten Problem. Wie sollte ich mein Hiersein und die Aufgabe erklären?

»Ist etwas passiert?«, fragte der Mann, der sich mir als Herr Histor vorstellte. »Die Polizei ist nur selten bei uns.«

Ich versuchte, mir eine Erklärung zu ersparen und konfrontierte ihn direkt mit meiner Frage: »Wissen Sie, wo ich den Speyerbach finde?«

Histor wirkte mehr als irritiert. »Wo kommen Sie her? Nicht aus Neustadt, oder?«

Bevor er in Panik ausbrach, gab ich ihm neben meinem Dienstausweis auch meine Visitenkarte. »Bitte rufen Sie kurz auf meiner Dienststelle an, damit Sie sicher sein können, einem Polizeibeamten in offizieller Mission gegenüberzustehen. Meine Aufgabe ist nämlich etwas heikel.«

Histor machte es richtig und ging in ein kleines Büro, in dem ein Computer stand. Er ignorierte die Telefonnummer auf meiner Visitenkarte und recherchierte die Nummer der Schifferstadter Kriminalinspektion im Internet. Nach einem längeren Telefonat sah er immer noch irritiert aus.

»So wie man Sie beschrieben hat, sind Sie tatsächlich Herr Palzki. Man sagte mir, ich soll alle Ihre Fragen beantworten, auch wenn sie noch so komisch klingen würden.« Er sah mich fragend an. »Dass hier nicht der Speyerbach vorbeifließt, wissen Sie aber?«

»Ich denke, es handelt sich nicht um den Bach an sich«, gab ich zu bedenken. »Ich soll die roten Teile des Speyerbachs untersuchen.«

»Die roten was?« Histor stutzte, doch eine Sekunde später lachte er schallend heraus. »Jetzt weiß ich, was Sie meinen! Das hätten Sie auch gleich sagen können.« Er zeigte auf eine schwarze Dampflok mit einem rot lackierten Unterbau. »Das ist die Speyerbach«, erklärte er stolz.

»Der Name der Lok?« Nun war ich an der Reihe, irritiert zu sein. Stand der Kidnapper mit dem Museumsverein in Verbindung? Irgendwie muss er schließlich in den Lokschuppen gekommen sein, um den nächsten Hinweis anzubringen.

»War das Museum heute geöffnet?«

»Bis 13 Uhr«, bekräftigte Histor. »Es waren sogar deutlich mehr Besucher hier als sonst.«

Für mich war klar, dass einer dieser Besucher KPDs Kidnapper war.

»Wird dieser Schuppen videoüberwacht?«

Er schüttelte den Kopf. »Das dürfen wir gar nicht. Bis jetzt hat auch noch niemand versucht, eine Lok zu klauen.«

Ich ging zur Speyerbach und betrachtete zunächst die üppigen rot lackierten Teile. Ein als Museumsbesucher getarnter Verbrecher hatte gewiss nicht viel Zeit, seinen Hinweis zu verstecken. Die Zahl der potenziellen Orte, an dem er einen Zettel verbergen konnte, war nicht allzu groß.

»Was suchen Sie denn?«, fragte Histor, als ich begann, diverse Gestänge, deren Fachbegriffe ich nicht kannte, abzusuchen. Bereits beim ersten Versuch verschmierte ich mir die Hand mit einer fettigen Substanz.

»Irgendwo hängt vermutlich ein mit Paketband befestigter Zettel.«

Glücklicherweise gab er sich damit zufrieden und half mir sogar. Letztendlich war ich es, der nach knapp fünf Minuten das gepolsterte Kuvert fand.

»Bisschen dick für einen Zettel«, befand Histor.

Pakete, Päckchen oder dicke Kuverts fanden schon immer meinen Argwohn, wenn mir der Absender nicht persönlich bekannt war. Enthielt es vielleicht eine Bombe oder nur ein paar amputierte Extremitäten von KPD als kleiner Schocker? Eine Bombe machte wenig Sinn. Da hätte sich KPDs Entführer den ganzen Aufwand sparen können. Mit der gebotenen Vorsicht öffnete ich das Kuvert an der Seitenlasche. Ein paar 100 Gramm wog es schon und die Polsterung wirkte sehr unförmig. Jedes Otto-Normal-Opfer würde sofort in das geöffnete Kuvert greifen, um den Inhalt herauszuziehen. Als hochgeschulter Polizeibeamter konnte ich dieser Versuchung widerstehen. Ich drückte von außen etwas auf die Längskanten, damit der Polsterumschlag sich wie eine ovale Röhre wölbte. Ich schaute hinein und sah lediglich einen kleinen Zettel. Zettel und Kuvertgewicht standen im krassen Widerspruch zueinander. Ich wandte mich an Histor, der mir verwundert zugeschaut hatte. »Haben Sie eine lange Zange, damit ich die Nachricht aus dem Kuvert ziehen kann?« Ich ließ ihn einen Blick hineinwerfen. Da er im Reflex zugreifen wollte, zog ich es wieder weg. »Das sollten Sie besser sein lassen.«

Er kramte in seiner Werkzeugkiste und brachte mir eine Wasserpumpenzange mit gigantischen Ausmaßen. Damit könnte ich innerhalb einer Stunde den gesamten Lokschuppen entkernen aber keinen Zettel aus dem Kuvert ziehen.

»Haben Sie vielleicht etwas, was weniger ›Wetten-Dass‹-geeignet ist?«

Er verstand und holte eine Kombizange. Besser als nichts, dachte ich mir und führte das Werkzeug in die

Polstertasche. Ich erschrak höllisch, als es einen Knall gab und mir die Kombizange aus der Hand gerissen wurde. Nachdem mein Puls wieder in geordneten Bahnen schlug, war mir längst klar, dass dies keine Explosion war. Das Kuvert war zerfetzt, Histor und ich blickten auf eine Kombizange, die in einer Mausefalle hing.

»Meine Güte«, stöhnte dieser. »Und ich wollte in das Kuvert greifen.«

»Da war wohl ein kleiner Scherzbold am Werk«, entgegnete ich und malte mir in Gedanken aus, wie meine Hand aussehen würde, wenn ich nicht so vorsichtig gewesen wäre. Ich hatte gute Lust, meine Befreiungsversuche einzustellen und Feierabend zu machen. Sollte mein Chef selbst zusehen, wie er sich aus den Fängen des Verrückten befreien konnte.

Ich bedankte mich bei Herrn Histor für seine Hilfe und verabschiedete mich. Seine Neugier betreffs des Inhalts der Nachricht befriedigte ich nicht. Da könnte jeder kommen. Erst außerhalb des Museums faltete ich den kleinen Zettel auseinander und las den maschinengeschriebenen Text:

›Ich hoffe, Herr Palzki, dass die Schmerzen inzwischen etwas nachgelassen haben. Wenn Sie Glück haben, ist nichts gebrochen, garantieren kann ich Ihnen das natürlich nicht. Ihr lieber Vorgesetzter hat inzwischen ebenfalls Bekanntschaft mit ein paar Mausefallen gemacht. Er findet das weniger lustig. Ich hoffe, dass Sie wenigstens über Ihr kleines Missgeschick lachen konnten. In der nächsten Station werden Sie Ihren lieben Chef und auch mich persönlich treffen. Jedenfalls, wenn Sie sich beeilen. Sie haben genau eine Stunde Zeit, die Wiege der Demokratie aufzusuchen. Dieses Mal geht es nicht nur um die Farbe Rot, sondern auch um Gold und Schwarz. Sie wissen längst, was ich meine. Damit es nicht so einfach ist, müssen Sie leider den höchsten Punkt der Farbenvielfalt erreichen. Wie blöd, dass Sie an einer Hand etwas gehandicapt sind, Herr Palzki. Sehen wir uns? Ich habe alles vorbereitet.‹

Dass der Kidnapper das Hambacher Schloss, beziehungsweise Kästenburg oder Maxburg, wie sie teilweise von der hiesigen Bevölkerung genannt wurde, meinte, war mir sofort klar. Und mit den drei Farben konnte er nur eine Deutschlandfahne meinen. Im Prinzip schien alles einfach. Zu einfach. Ich konnte sicher sein, dass der Verrückte an alles gedacht hatte. Sämtliche Vorteile lagen auf seiner Seite: Er hatte genügend Zeit zur Vorbereitung und er konnte von seinem Standort, wo immer er sich auf dem Hambacher Schloss verbarg, alles in seiner Umgebung überblicken. Ein Spezialeinsatzkommando hinzuschicken, dürfte zwecklos sein. Er würde sofort Lunte riechen. Und bis sich die spezialisierten Beamten abseits des offiziellen Weges durch die Wälder nach oben geschlichen hätten, wäre die Zeit schon längst abgelaufen.

Da die mir gesetzte Stunde nicht allzu üppig war und ich zunächst zur Tiefgarage laufen musste, dauerte es fast eine Dreiviertelstunde, bis ich mit meinem Wagen die Straße zum Schloss hinaufgefahren war und dort parkte.

Die Fahnenmasten neben dem Parkplatz waren mir sofort aufgefallen. Wollte der Entführer, dass ich hier auf dem freien Feld an einem Mast hochkletterte? Ohne Leiter? Vorsichtig ging ich näher, im Hinterkopf immer noch an die Aktion mit der Mausefalle denkend. Wenn der Verrückte tatsächlich an der Fahne eine weitere Nachricht befestigt hatte, musste KPD auf seine Rettung heute ausnahmsweise mal verzichten. Ich sah auch keine Möglichkeit, die Fahne herunterzulassen. Während ich grübelte, schaute ich zum höchsten Punkt des Schlosses. Na klar, an der Turmspitze war eine weitere Deutschlandfahne befestigt. Stand in dem Text nicht etwas von dem höchsten Punkt?

Wie ein normaler Tourist zahlte ich den Eintritt und verlangte dafür einen Beleg. Das Entgelt würde ich mir über die Reisekostenabrechnung wieder zurückholen. Dummerweise war der obere Teil des Turms wegen Bauarbeiten gesperrt. Das waren natürlich hervorragende Bedingungen für den Entführer. Wie hatte er KPD nur hier hoch gebracht? War dies vielleicht gar nicht die Zieletappe der mörderischen Schnitzeljagd? Ich kletterte über das Absperrband und das Baumaterial und stieg die Treppe nach oben. Ohne Probleme, von einem schweren Atem abgesehen, stand ich nach wenigen Minuten auf der Aussichtsplattform. Allein mit einem riesigen Fahnenmast, dessen Stofffahne wild im Wind flackerte. Den Blick über die Weite der Rheinebene konnte ich nur sehr kurz genießen. Auf dem L-förmigen Schrägdach des Hauptgebäudes, wenige Meter tiefer als mein momentaner Standplatz, entdeckte ich KPD und eine weitere Person, die mir dreist zuwinkte. Der Dienststellenleiter lag mit ausgestreckten Armen und

Beinen auf der Dachschräge. Erst bei näherem Hinsehen entdeckte ich, dass seine Extremitäten mit Mausefallen und langen Ketten an Dachrinnen und Ähnlichem angebunden waren.

»Kommen Sie runter und holen Sie Ihren lieben Chef ab«, rief mir der vollbärtige Verrückte mit einem höhnischen Unterton entgegen. Er erinnerte mich an einen Politiker, den ich aus persönlichkeitsschützenden Gründen nicht nennen darf. Bewaffnet schien er nicht zu sein, trotzdem spekulierte ich auf eine fiese Falle. Vielleicht hatte er Teile des Daches gelockert? Dann würde ich durch das Dach brechen und ein Stockwerk tiefer als lebendiges Ausstellungsstück in eine Vitrine plumpsen. Der Täter bemerkte, dass ich zögerte. »Kommen Sie schon, ich habe Ihnen eine Leiter festgemacht. Ich weiß ja, dass Sie nicht der sportlichste Beamte sind.«

Ich sah an der Turmbrüstung nach unten. Mit Leiter meinte er eine Strickleiter, die mindestens fünf Meter bis auf das Dach des Hauptgebäudes reichte. Jetzt einen Rückzieher machen, wäre blöd. Weniger wegen KPD, der regungslos auf dem Dach lag, als zum Beweis meiner körperlichen Mobilität und Fitness. Mit einem kurzen Stöhnen schwang ich mich auf die ein Meter hohe Brüstung und überprüfte, ob die Strickleiter ordentlich befestigt war.

Die ersten Seilstufen waren etwas unangenehm, doch schnell hatte ich mein Gleichgewicht austariert, und kletterte langsam nach unten. Ausgerechnet in diesem Moment musste mir ein kleines Missgeschick passieren.

»Tut Ihre Hand noch weh?«, rief mir der Verrückte entgegen. Im Reflex öffnete ich meine gesunde Hand und da war es auch schon passiert: Ich verlor die Kontrolle über meine individuelle Schwerkraft und stürzte die Leiter hinunter. Hart und schmerzhaft prallte ich auf das Dach und rutschte weiter nach unten. Die Dachrinne zerschmetterte mir Knöchel und Knie. Selbst James Bond oder Supermann hätten sich bei diesem Tempo nicht festhalten können. Ich sauste nach unten und flog und flog und flog und wachte mit einem lauten Schrei auf.

Nach einer kurzen Orientierungsphase dachte ich über das gerade Erlebte nach. Wie dumm von mir: Solche Serientäter gab es nicht, es war nur ein blöder Albtraum.

85 Neustadt liegt am Übergang der Rheinebene zum Naturpark Pfälzerwald. Insbesondere die historische Altstadt, in der die Stiftskirche aus dem 14. Jahrhundert und die ehemalige Universität Casimirianum stehen, ist sehenswert.
http://www.neustadt.eu

86 Der Elwedritsche-Brunnen wurde 1978 am Marstallplatz gebaut. Doch Vorsicht, eine der Figuren kann Wasser speien.
http://www.neustadt.eu
Weiter geht es unter »Neustadt entdecken«

87 Der zweigeschossige Saalbau wird für kulturelle Veranstaltungen wie Theater- und Konzertaufführungen sowie für Tagungen, Kongresse und Ausstellungen genutzt.
https://www.neustadt.eu
Unter »Kultur« gibt es mehr

88 Das Kuckucksbähnel ist eine 13 Kilometer lange Nebenbahn, die seit 1984 als Museumsbahn ausgebaut wurde.
http://www.eisenbahnmuseum-neustadt.de/

89 Alle fünf Jahre wird das Lambrechter Geißbockfestspiel inszeniert, das zu den großen Freilichtveranstaltungen in Deutschland zählt.
http://www.lambrecht-pfalz.de/gbock2013.htm

90 Bei Elmstein befinden sich die vier Burgruinen Elmstein, Breitenstein, Erfenstein und Spangenberg. In Elmstein befinden sich drei Museen, die die Arbeit im Wald erläutern.
http://www.elmstein.de/

http://www.burg-spangenberg.de

91 Das Hambacher Schloss gilt wegen des Hambacher Festes, das dort 1832 stattfand, als Symbol der deutschen Demokratiebewegung.
http://www.hambacher-schloss.de/

CARTOON

KAPITEL 10

MUSEUMSJAGD IN DER VORDERPFALZ

Es hätte so ein schöner Tag werden können.

Sprechen wir über die Vorderpfalz: Eingekesselt zwischen dem rechtsrheinischen Baden-Württemberg und Weinbergen auf der anderen Seite gibt es in diesem dicht besiedelten Gebiet außerhalb der menschlichen Bebauung eigentlich nur eines: Felder, oder Äcker. Ich weiß nicht einmal, ob es da einen Unterschied gibt. Hier wächst alles, was man als Kind im Regelfall und oft genug auch als Erwachsener verschmäht: Gemüse. Sogar verdammt viel Gemüse. Außer Kakao, Kaffee und Hanf wächst hier ziemlich alles, wobei ich mir bei Letzterem nicht so sicher bin.

Wenn ein Landwirt mit schwerem Gerät sein Feld durchpflügte, passierte es immer wieder, dass alte Gegenstände ans Tageslicht befördert wurden. Nein, ich meine keine Weltkriegsbomben wie in Landau oder Ludwigshafen, sondern irgendwelche Gegenstände oder Knochen unserer Urahnen. Zum Beispiel römische Goldmünzen wie im Hortfund von Neupotz, der im Historischen Museum der Pfalz in Speyer zu bewundern ist. Oder etwas Bronzehaltiges aus der Keltenzeit, bis hin zu Teilen des legendären Nibelungenschatzes. Gut, da habe ich jetzt etwas zu dick aufgetragen, der Schatz der Nibelungen harrt zurzeit noch auf seine Entdeckung. Aber in Richtung Dannstadt ist bereits seit Jahrhunderten ein keltisches Gräberfeld bekannt. Damals gab es vermutlich die Nibelungen überhaupt noch nicht.

Ebenso wertvoll ist der Goldene Hut von Schifferstadt. Das keltische Stück ist, wie der Name sagt, aus reinem Gold, und wurde im 19. Jahrhundert im Norden von Schifferstadt gefunden. Natürlich beim Pflügen eines Ackers.

Dieser Hut gehörte seit Jahren zur Schifferstadter Dreieinigkeit, die jeder Bürger und jeder Tourist gesehen haben muss: Goldener Hut, Altes Rathaus und die Leichenhalle am Waldfriedhof mit seiner schlichten Standardarchitektur der 70er-Jahre des 20. Jahrhunderts.

Damit war jetzt Schluss: Schifferstadt hatte seine Einmaligkeit im Rhein-Pfalz-Kreis verloren. Denn vor vier Tagen wurde in wenigen Kilometern Entfernung auf der Gemarkung Fußgönheims ein weiterer Goldener Hut gefunden, der in Größe und Vollkommenheit dem Schifferstadter weit überlegen war. Im Schifferstadter Stadtrat und in sämtlichen Ausschüssen beriet man seitdem in wilder Hektik, wie man diese Schmach wieder wettmachen könnte und Schifferstadt mit einem neuen USP, wie man klugscheißerisch zu einem Alleinstellungsmerkmal sagte, ausstatten könnte. Eine Bewerbung als Stadt der Kreisel, vorgebracht von einem Mitglied der Grünen, wurde aus Kostengründen abgelehnt. Hier galt bereits seit Jahren die Nachbargemeinde Limburgerhof mit ihrer Kreiselmania uneinholbar. Die zahlreichen Verkehrskreisel im Nordosten von Limburgerhof wirkten aus der Luft wie die olympischen fünf Ringe, auch wenn es in Limburgerhof auf engstem Raum einige mehr waren. Das war's dann aber mit dem Olympiabezug im Nachbardorf – Olympische Medaillen gab's nur in der Rettichstadt, was das Ringermuseum nicht müder wird zu betonen.

Verlassen wir nun die existenziellen Probleme der größten Gemeinde des Rhein-Pfalz-Kreises und wenden uns dem noch beschaulichen Fußgönheim zu. Bevor das goldene Prachtstück zu einer Untersuchung an eine renommierte Universität geschickt werden sollte, bekam die Bevölkerung heute die Gelegenheit, es im Heimatmuseum Fußgönheim im Hallberg-Schloss bewundern zu können. Hätte sie zumindest, wäre nicht der Leiter des Heimatmuseums kaltblütig ermordet worden. Dem nicht genug, waren der wertvolle Hut und weitere Ausstellungsstücke spurlos verschwunden. Zwei Stunden nachdem der tote Eberhard Deumann aufgefunden wurde, war ich als ermittelnder Kommissar vor Ort und konnte mir ein erstes Bild von diesem grausamen Geschehen machen.

Das halbe Museum war verwüstet, es sah nach einem größeren Kampf aus. »Deumann wurde mit einem Hammer oder einem ähnlichem Gegenstand erschlagen«, berichtete mir einer der Spurensicherer. Nach diesem Hinweis verzichtete ich, die Leiche anzuschauen, da ich auf dem Anfahrtsweg einen kleinen kulinarischen Abstecher beim Imbiss Caravella eingelegt hatte. »Wurde nur dieser Goldene Hut gestohlen?«, fragte ich eine tränenaufgelöste Museumsmitarbeiterin. »Nein, es fehlen weitere kostbare landwirtschaftliche Exponate, um die uns die Kollegen der benachbarten Museen schon lange beneiden.«

Diesen Hinweis konnte man nicht unbedingt als eine heiße Spur bezeichnen, doch zumindest als ersten Ermittlungsansatz war er zu gebrauchen. Natürlich konnten die flankierenden Diebstähle ein Täuschungsmanöver sein. Vielleicht war der Mörder nur an dem Goldwert des Hutes interessiert und wurde während des Diebstahls vom Opfer überrascht? Oder steckte gar der Schifferstadter Stadtrat oder eine andere Gemeindegruppe dahinter? Ein Geheimbund der Kelten? Nein, solche unrealistischen Ermittlungsansätze konnte man getrost Autoren wie Dan Brown überlassen.

Ich rief meinen Kollegen Jürgen auf der Dienststelle an, eine Koryphäe der Internetrecherche. Im Nu hatte er mir die Adressen der umliegenden Museen telefonisch durchgegeben. Dass es so viele gab, war mir bisher nie richtig bewusst geworden und brachte mir ein schmerzendes Handgelenk ein. Ich würde Tage benötigen, alle aufzusuchen und deren Leiter zu befragen. Aber so war ich wenigstens etwas an der frischen Luft und brauchte die dümmlich-nervenden Kommentare meines Vorgesetzten KPD nicht zu ertragen.

Ich beschloss, zunächst nach Mutterstadt zu fahren. Ständig kamen mir auf der Landstraße irgendwelche Oldtimer entgegen. Schon auf der Fahrt von Schifferstadt nach Fußgönheim waren mir eine BMW Isetta und ein Borgward Hansa 1800 aufgefallen. Eben gerade waren es zwei Messerschmitt Kabinenroller. Ich konnte zwar keinen Zusammenhang finden, dennoch fand ich es seltsam, dass zeitgleich mit dem Verschwinden eines historischen Fundes so viele Oldtimer die Straße bevölkerten.

Mein Innendienstkollege Jürgen hatte dafür gesorgt, dass Roy Illert, der Chef des Mutterstadter Museums für Ortsgeschichte im alten Rathaus, anwesend war. Um einem lebenszeitraubenden Smalltalk zu entgehen, kam ich gleich zur Sache.

»Wie Sie noch nicht wissen können, wurde heute Morgen Ihr Kollege Deumann aus Fußgönheim ermordet. Von dem neu gefundenen Goldenen Hut fehlt seitdem jede Spur.«

Illert rang um seine Fassung. »Das darf doch nicht wahr sein! Eberhard war seit Jahren einer meiner besten Freunde und ein herzensguter Mensch. Und nur wegen dem blöden Ding wurde er erschlagen. Das gibt es doch nicht. Hoffentlich finden Sie bald den Mörder, damit er seine gerechte Strafe bekommt.« Er schüttelte den Kopf und fing an zu weinen, murmelgroße Tränen mäanderten in seinen akkurat gestutzten Vollbart. Ich stellte ihm noch ein paar Fragen, er konnte mir aber in der Ermittlungssache nicht weiterhelfen.

Etwas ratlos fuhr ich zurück nach Schifferstadt. Je näher ich kam, desto größer wurde auf den Straßen die Oldtimerdichte. Erst als ich im Ortszentrum in der Kirchenstraße ankam, erkannte ich, dass just heute die jährliche Oldtimerfahrt stattfand, die den Goldenen Hut nicht nur stolz in ihrem Namen führte, sondern auch jeden Teilnehmer mit einem Bild davon auf dem Startnummertäfelchen versorgt hatte. Wie könnte sich auf dieses Markenzeichen der etablierten Veranstaltung der Fund eines zweiten Huts auswirken?

Quer über der Straße war ein weißes Tor montiert auf dem ›MAC – Schifferstadt‹ stand. Vor einigen Jahren dachte ich, dass es sich entweder um Werbung für einen einheimischen Computerladen oder um die Vorankündigung eines amerikanischen Burgerbraters, sich in unserer Stadt niederzulassen, handeln musste. Inzwischen wusste ich längst, dass sich hinter der Abkürzung der hiesige Motorsport- und Automobilclub verbarg.

Da sich gerade vor dem neuen und auch dem alten Rathaus der Zieleinlauf befand, war die Kirchenstraße für jüngeres Blech gesperrt und ich musste etwas entfernt parken. Die Tatsache, dass es sich um eine Feuerwehrzufahrt handelte, wirkte weniger bedrohlich als die Gestik der beiden Ordner des MAC, die mich an der Absperrung schleunigst aus dem Weg haben wollten. Schließlich liefen die Rallye-Teilnehmer hier im Minutentakt ein. Der Beschilderung setzte ich meine dienstliche Ausnahmeparkgenehmigung entgegen. War schließlich nur für ein paar Minuten. Es müsste mit dem Teufel zugehen, wenn gerade in dieser Zeit in der Grundschule Nord ein Feuer ausbrechen würde. Außerdem war mein Sohn Paul zu Hause, was sollte also groß passieren?

Nachdem ich den knapp 200 Meter weiten Fußweg durch alte Autos, deren Fahrer und jede Menge Schaulustige ganz ohne Pause zurückgelegt hatte, gönnte ich mir zur Erholung eine kleine Auszeit, um die Vielfalt der alten Fahrzeuge zu bewundern. Wie gern würde ich in einem dieser engen Kabinenroller als Beifahrer eine Runde drehen. Ich wusste nicht einmal, ob man überhaupt von Beifahrer sprechen konnte, schließlich saßen die maximal zwei Fahrzeuginsassen hintereinander. Voller Wehmut dachte ich an meinen alten 1200er VW Käfer, den ich vor vielen Jahren besaß.

Es half alles nichts, ich musste weiter. Direkt gegenüber dem neuen Rathaus, das auch schon ein paar Jahrzehnte auf dem Buckel hatte, befand sich das Gelände des Adlerhofes. Ein großes, zweistöckiges, im Winkel gebautes Haus, das lange vor meiner Geburt die Wirtschaft ›Zum Adler‹ beherbergte, war mein Ziel. Der große Hof war zwar als großer öffentlicher Parkplatz angelegt, was mir aber wegen der Oldtimerfahrt keinen Vorteil brachte. Alles war von Helfern fast schon seit Sonnenaufgang zugeparkt.

In dem historischen Adler-Gebäude befand sich im ersten Obergeschoss das Schifferstadter Heimatmuseum, das vom Verein für Heimatpflege unterhalten wurde. In rund einem Dutzend Räumen wurde dem Besucher ein interessanter Überblick von der Vor- und Frühgeschichte über die Stadtentwicklung bis zur Wohnkultur des 19. Jahrhunderts gegeben.

Fritz Benn, der Leiter des Museums war nicht allein.

Ein Typ, den das graue Hemd mit den gestickten Vereins- und Sponsorlogos als MAC-Vorstandsmitglied auswies, trieb sich nervös und auffällig unauffällig in der Ausstellung herum. Ob Nicklas, wie da auch stand, nun Nachname oder in vereinsüblicher Duz-Manier sein Vorname war konnte ich nur raten.

Während der Begrüßung teilte er mir mit, dass er zu den Organisatoren der Oldtimerfahrt gehöre und die Gelegenheit nutzen wollte, mit Herrn Benn über einen Anbau zu sprechen, um das Einzige in Ludwigshafen hergestellte PKW-Modell präsentieren zu können. Ich erfuhr, dass die Rheinische Automobil-Fabrik im Jahr 1953 in Ludwigshafen einen Wagen namens Champion produziert hatte, und der MAC davon zwei Stück erwerben konnte.

Diese Information war zwar interessant, taugte aber zur Entlarvung eines Mörders nur bedingt. Während ich den Museumsleiter Benn von der traurigen Sache informierte, beobachtete ich, wie sich dieser Funktionär Nicklas stets irgendwo in der Nähe herumtrieb, um ja alles hören zu können. Gab es doch eine Beziehung zwischen den historischen Wagen und dem Verschwinden des Hutes?

Stolz, und ich hatte das Gefühl, auch etwas erleichtert, zeigte mir der Museumsleiter Fritz Benn die Kopie des Schifferstadter Goldenen Hutes, die im Museum an prominenter Stelle präsentiert wurde.

»Ich kannte Herrn Deumann kaum«, antwortete er betroffen auf die Todesnachricht seines Kollegen. »Damit so etwas Schreckliches bei uns nicht passieren kann, werden wir in unserem Museum gleich nächste Woche eine Sicherheitsprüfung veranlassen.«

»Man sagt, dass es in Fußgönheim ein paar Ausstellungsstücke gibt, um die das Museum beneidet wurde.«

Benn überlegte eine Weile, bevor er nickte. »Das kann sein, Herr Palzki. Das trifft aber auf jedes Museum zu.

Wir haben selbst seltene regionale Exponate, die andere Museen liebend gerne besitzen würden.«

»Wann waren Sie das letzte Mal in Fußgönheim?«

Benn zögerte erneut, für mein Gefühl zu lang. »Das muss mindestens ein Jahr her sein. Wir Museumsleiter tauschen uns zwar regelmäßig aus, aber meistens treffen wir uns in einem Restaurant in Limburgerhof. Die letzte Zusammenkunft fand vor zwei Monaten statt.«

Ich bedankte mich für die Auskunft, nachdem ich erkannt hatte, auch in Schifferstadt nicht weiter zu kommen.

Dieser »wie auch immer«-Nicklas verabschiedete sich, ohne über seinen Namen aufgeklärt zu haben, ebenfalls. Im Hof angelangt, druckste er zunächst herum. Nach einem kleinen verbalen Motivationsschub meinerseits, begann er zu reden.

»Ist der Goldene Hut sehr wertvoll?«, fragte er naiv.

»Er ist aus Gold«, antwortete ich und wartete ab.

»Der da oben soll aber nur eine Kopie sein«, sprach der MACler weiter.

»Ist es keine Kopie?«, fragte ich überrascht und sah ihn direkt an.

»Mich hat die Reaktion von Herrn Benn überrascht, als ich vorhin die Vitrine öffnen wollte. Er hat beinahe einen Schlaganfall bekommen. Warum hätte er so reagieren sollen, wenn es doch nur eine billige Kopie ist?«

Ich überlegte. War dies nun ein vernachlässigbarer Nebenkriegsschauplatz oder ging es um viel mehr? War der Mord in Fußgönheim nur Teil eines viel größeren Komplotts? Und welche Rollen spielten Benn und Nicklas? Dass der Oldtimerfreak nicht so unschuldig war, wie er vorgab, war mir längst klar. Einem hochgeschulten Beamten wie mir konnte man nichts vormachen.

»Ich werde mich drum kümmern«, sagte ich zu Nicklas. »Auch eine Kopie kann wertvoll sein, selbst wenn sie nicht aus Gold ist.«

Er ließ sich davon beruhigen und verabschiedete sich in Richtung seiner Clubkameraden. »Es gibt viel zu tun, wir haben ein volles Feld: 100 Starter«, sagte er zum Abschied.

Dies galt auch für mich. Der Aufwand war beträchtlich, doch schließlich gelang es mir, das Abschleppunternehmen zu überzeugen, meinen Wagen wieder vom Anhänger herunterzulassen. Die Argumente müssen leider unerwähnt bleiben, damit ich als Beamter juristisch nicht angreifbar werde.

Das Ringermuseum, das sich auf der anderen Seite des neuen Rathauses befand, ließ ich zunächst außen vor. Dort ging es vorrangig um sportliche Wettkampferfolge und um den hiesigen Sportverein. Das eventuell dort ausgestellte Medaillengold war um Jahrtausende jünger als das des Goldenen Hutes aus der Keltenzeit. Ein Goldener Hut hatte meiner Einschätzung nach mit einem Ringermuseum so viel zu tun wie ein Lehrer mit Pädagogik.

Meine nächste Etappe war die historische Schuhmacherwerkstatt in Dannstadt, auch wenn ich mir nicht richtig vorstellen konnte, wozu man dort einen Goldenen Hut brauchen könnte. Während ich in Gedanken wild von Goldenem Löffel zum Goldenen Schuhlöffel assoziierte, verließ ich meine Heimatgemeinde in nördlicher Richtung. Nur wenige Meter weiter östlich wurde der Schifferstadter Hut gefunden. Der genaue Fundort war inzwischen mit einer Schautafel markiert, wobei Historiker in alten Plänen zwei Alternativfundorte ausgemacht haben. Entweder wusste man es selbst nicht mehr genau, oder der tatsächliche Ort fiel vor ein paar Jahren der neuen ICE- und sogar TGV-Trasse zum Opfer, die die alte Gleisstrecke über den Bahnhof abkürzte und die Fahrt nach Paris um zwei oder gar drei Minuten verkürzte.

Weiter ging meine Fahrt auf historischem Boden. Ein gutes Stück, bevor ich die A 61 überquerte, sah ich rechterhand das etwa einen Hektar große Dannstadter Gräberfeld. Die meisten keltischen Gräber stammen aus der Zeit zwischen 850 v. Chr. bis 350 v. Chr. Von den ehemals bekannten 200 Grabhügeln konnte man heutzutage noch etwa 140 ausmachen.

Während mir weitere Oldtimer entgegenkamen, konnte ich im Norden die ersten Häuser der Dannstadter Ortsbebauung ausmachen. Spontan fiel mir das regional bekannte Lied ›Mei Mudder hot en Gutselstand do drowwe uff de Dannstadter Höh‹ ein. Wie immer, wenn ich hier entlangfuhr, suchte ich erfolglos die Dannstadter Höh. Hier gab es weder einen nennenswerten Hügel noch einen Bonbonstand, wie das Gutsel korrekt auf Deutsch übersetzt hieß.

Kurz darauf erreichte ich das Dannstadt-Schauernheimer Heimatmuseum in der Hauptstraße. Wie ich aus

Jürgens Unterlagen wusste, hatte hier der Kultur- und Heimatkreis Dannstadter Höhe eine Dauerausstellung eingerichtet, in der es eine komplett historische Schuhmacherwerkstatt zu bewundern gab.

Offizielle Parkplätze gab es zur Genüge. Ich überprüfte zur Sicherheit mein Schuhwerk auf durchschnittliche Sauberkeit und stieg aus. Dieses Museum noch, sagte ich zu mir selbst, dann fahre ich wieder zurück ins Büro. Die restlichen grob geschätzten 1000 Museen, die es in der näheren Umgebung gab, konnten sich die Kollegen anschauen. Ich war mir sowieso so gut wie sicher, dass der neue Goldene Hut entweder bereits eingeschmolzen war oder in einer privaten und streng geheimen Sammlung seinen Platz gefunden hatte. Mit nur wenig Restmotivation ging ich über die Straße zum Museum. Ich wunderte mich über die sperrangelweit offenstehende Tür, dachte aber zunächst an nichts Böses. Ich vermutete, dass mein Kollege Jürgen in seinem Übereifer den Museumsleiter über mein Kommen informiert hatte. Falls er wider Erwarten der Täter sein sollte, war er damit gleichzeitig auch vorgewarnt.

Da ich auf mein Rufen keine Antwort erhielt, ging ich langsam in das Gebäude hinein, bis ich im dritten oder vierten Raum ein leises Stöhnen vernahm. Ich kam eine Winzigkeit zu spät. Der ehrenamtliche Museumsvorsitzende Ricco Kassandro verstarb schwer verletzt in meinen Armen. Aus seinem grauslich deformierten Hinterkopf tropfte Blut auf den Steinboden. Ein verschmierter Hammer lag unweit davon entfernt auf einem Tisch. Den Täter musste ich nur um Sekunden verpasst haben. Der Museumsleiter öffnete ein letztes Mal seine Augen und mit letzter Kraft hauchte er mir ein paar Worte entgegen: »Ich wollte nicht, dass Deumann stirbt. Das war nicht meine Schuld. Es war –« Kassandro schluckte Blut. »Ihn hat die Gier zerfressen. Der Hut steht in –« Das waren seine letzten Worte. Vor mir lag also der tote Mittäter. Mir blieb zunächst nichts anderes übrig, als telefonisch meine Kollegen zu informieren, damit die Spurensicherung die Arbeit vor Ort übernehmen konnte. Während des Wartens ärgerte ich mich über mein Zuspätkommen. Der Abschleppdienst in Schifferstadt war schuld, keine Frage. Wäre der bärbeißige Typ etwas zuvorkommender und meinen Argumenten gegenüber aufgeschlossener gewesen, hätte ich Kassandro retten und den Mörder fassen können. Zwei Tote wegen eines einzigen Hutes, das waren zwei Menschenleben zu viel. Nachdem die Spusi den Tatort übernommen hatte, fuhr ich deprimiert zurück zur Dienststelle nach Schifferstadt in den Waldspitzweg.

Meine Kollegen reagierten verständnisvoll und trösteten mich mit einer telefonischen Blitzbestellung beim Pizzalieferservice.

Während ich mithilfe zahlreicher Kalorien meine körperliche und geistige Vitalität wieder herstellte, sagte meine Kollegin Jutta Wagner: »Man muss auch mal Misserfolge wegstecken können, Reiner.«

Das Kauen der Pizza half. Anscheinend wurden dadurch meine Gehirnwindungen zu neuen Höchstleistungen angeregt. Ich grinste verschmitzt und antwortete: »Welcher Misserfolg, Jutta?«

»Äh, ja, du, äh, ich meine, den Täter«, stotterte sie hilflos herum. »Er ist dir ja durch die Lappen gegangen.«
»Ach was«, entgegnete ich mit einer legeren Handbewegung. »Ich weiß längst, wer der Täter ist.«

Frage: Wer ist der Täter und wodurch hat er sich verraten?

LÖSUNG

Roy Illert, der Chef des Mutterstadter Museums für Ortsgeschichte, sagte zu Palzki, dass sein Kollege in Fußgönheim erschlagen wurde. Dieses Täterwissen konnte neben der Polizei nur der Mörder wissen.

92 Als Hortfund von Neupotz wird der mit 1062 Objekten und mehr als 700 kg größte römerzeitliche Metallfund Europas bezeichnet, der in den Jahren 1967-1997 bei der Kiesförderung aus einem Altrheinarm bei Neupotz ans Tageslicht befördert wurde.
http://www.suedpfalz-tourismus.de
Von »Kultur und Geschichte« zum »römischen Erbe«

93 Der Goldene Hut von Schifferstadt wurde 1835 bei Feldarbeiten auf einem Acker gefunden. Er besteht aus Goldblech und stammt aus der Bronzezeit. Er steht im Historischen Museum der Pfalz in Speyer. Eine Nachbildung ist im Heimatmuseum Schifferstadt vorhanden.
http://www.heimatpflege-schifferstadt.de/goldenerhut.htm

94 Das Heimatmuseum Fußgönheim befindet sich im Hallberg-Schloss. Adresse: Hauptstraße 72, 67136 Fußgönheim
http://www.hkk-fussgoenheim.de/

95 Das Mutterstadter Museum für Ortsgeschichte im alten Rathaus befindet sich in der Oggersheimer Straße 10, 67112 Mutterstadt
http://www.mutterstadt.de

96 Das Alte Rathaus Schifferstadt wurde 1558 als Versammlungsort des Dorfgerichtes erbaut und ist eines der schönsten Rathäuser der Renaissancezeit in der Pfalz.
http://www.schifferstadt.de/
Über »Gaeste« kommen Sie zu »museen-historisches«

97 Der MAC – Schifferstadt organisiert unter anderem jährlich die Oldtimerfahrt »Goldener Hut«. http://www.mac-schifferstadt.de/

98 Das Schifferstadter Heimatmuseum präsentiert in rund einem Dutzend Räumen Exponate aus der Schifferstadter Geschichte, Kultur und Kunst von der Steinzeit bis zur Gegenwart. http://www.heimatpflege-schifferstadt.de/

99 Das Ringer-Museum ist an jedem ersten und dritten Sonntag im Monat zwischen 10 und 12 Uhr geöffnet. Adresse: Bäckergasse 2, 67105 Schifferstadt
http://www.ringermuseum.de/

100 Das Naturschutzgebiet Dannstadter Gräberfeld liegt in der Gemarkung Dannstadt, südöstlich des Ortes. Der Bereich ist etwa einen Hektar groß und umschließt 32 Grabhügel.
http://www.gregor-muench.de/Urgeschichte_Pfalz.htm alternativ

101 Der Kultur- und Heimatkreis Dannstadter Höhe zeigt in seiner Dauerausstellung eine komplett eingerichtete, historische Schuhmacherwerkstatt.
Adresse: Hauptstraße 139-141, 67125 Dannstadt-Schauernheim
http://museenrheinpfalzkreis.jimdo.com/

CARTOON

KAPITEL 11
TÖDLICHE WASSERSPIELE

Es hätte so ein schöner Tag werden können.

Normalerweise erreichten die erbarmungslos auf uns niederbrennenden Sonnenstrahlen der Hundstage im Zenit der mitteleuropäischen Rheinebene in Limburgerhof-Ost, erst im Laufe des Monats Juli ihren Höhepunkt. Ich stand mitten auf dem Burgunderplatz, der Juni war gerade mal drei Wochen alt und meine Kleider klebten wie ein nasser Sack an mir.

Manche der 10.000 Einwohner behaupteten spöttisch, dass die sommerlichen Temperaturen ihres geliebten Dorfes ursächlich seit dem Bau der schon fast nicht mehr zählbaren Verkehrskreisel deutlich zugenommen hätten. Entsprechende belastbare Studien darüber gab es bisher noch nicht. Die Bürgerinitiative Kreisel-Mania hat dazu jüngst ein Gutachten in Auftrag gegeben.

Nun, das Wetter war das Eine und das Andere war mein Ziel. Es führte mich zum Burgunderplatz, einem großen Gebäudekomplex mit mehreren Einzelhandelsgeschäften und einem Ärztezentrum. Hier befand sich auch das Theater Kleine Komödie mit einem überregional bekannten Programm, bei dem meine Frau und ich schon öfters zu Besuch waren. Direkt dahinter lag das Capitol, eines der ältesten Kinos Deutschlands mit dem Charme und der Atmosphäre der 50er Jahre.

Ich schaute mich um und entdeckte das große Schild

mit der Aufschrift ›Sonnenstudio Hot Burn‹ über einer der Eingangstüren. Bisher hatte ich in meinem ganzen Leben noch kein solches Sonnenstudio aufsuchen müssen oder wollen. In meiner Naivität stellte ich mir eine Saunalandschaft mit den entsprechenden Temperaturen vor. Heute würde nicht mein Sodbrennen die Hauptrolle meines irdischen Leidens spielen, sondern eher mein bereits vorgeglühter Kreislauf, der aufgrund meiner körperlichen Innentemperatur wohl demnächst, ähnlich der Sonne, selbsttätig die Kernfusion starten würde.

Nach dem Betreten der Räumlichkeiten war ich jedoch angenehm überrascht, als mir die laufende Klimaanlage ein frisches Lüftchen um die Nase blies.

Mein Kollege Gerhard Steinbeißer, der meist übereifrig vor mir am Tatort ankam, begrüßte mich mit einem demonstrativen Blick auf seine Uhr: »Hallo Reiner, auch schon hier?«

»Immer langsam mit den jungen Leuten«, entgegnete ich. »Ich komme direkt vom Otterstadter Altrhein und bringe gute Nachrichten mit.«

»Habt ihr das Rätsel endlich gelöst?«, hakte Gerhard nach, der als leidenschaftlicher Angler häufig an diesem Altrheinarm seine Angel auslegte.

»Wir haben Entwarnung geben können. Irgendein Idiot hat ein paar Eimer Lebensmittelfarbe in den See gekippt. Es hat sich herausgestellt, dass es sich um harmloses Amaranth, einen gut wasserlöslichen Azofarbstoff, handelte.«

In Gedanken sah ich die rote Pfütze von mehr als hundert Metern Durchmesser vor mir, die sich gestern ohne erkennbare Ursache mitten auf dem Altrheinarm bei

Otterstadt gebildet hatte. Das Gewässer wurde daraufhin sofort polizeilich gesperrt und untersucht. Es sah extrem bizarr aus und erinnerte mich an den Fall der Altriper Gebietsrettung, dieser war sogar noch etwas skurriler. Damals hatten kleinere Sprengstoffanschläge auf unbedeutende Ziele für jede Menge Aufregung gesorgt. Der Täter konnte zunächst nicht ermittelt werden. Der Sachschaden war eher gering und Menschen kamen nicht zu Schaden. Experten waren schließlich der Meinung, dass der Täter oder die Tätergruppe an der Eigenentwicklung eines Sprengstoffes herumexperimentierte und die Anschläge nur Tests waren.

Terroristisch lohnende Ziele wie die BASF oder das Großkraftwerk neben der Reißinsel auf der anderen Rheinseite wurden seitdem besonders intensiv überwacht. Letztendlich gelang es dann doch, den offensichtlichen Einzeltäter zu schnappen. Der verwirrte und promovierte Chemiker wollte, ganz in der Manier von Ephraim Kishons Blaumilchkanal, Altrip rechtsrheinisch werden lassen.

Jawohl, rechtsrheinisch. Dazu wollte er eine Verlängerung des Kief'schen Weiher zum Neuhofener Altrhein sprengen und zeitgleich eine südöstliche Verbindung durch den Staatsforst zum Rhein freisetzen. Damit hätte er an dieser Stelle die Rheinbegradigung durch Gottfried Tulla im 19. Jahrhundert fortgeführt und den Altriper Rheinbogen gekappt. Über die Motive schwieg sich der Täter beharrlich aus. Geografen und andere Experten waren sich in ihren Stellungnahmen nicht sicher, ob das Vorhaben zumindest theoretisch hätte funktionieren können.

»Herr Palzki! Können Sie mich hören? Wir sind hier zum Arbeiten, nicht zum Träumen!«

Ich zuckte zusammen. Ausgerechnet Staatsanwalt Borgia weckte mich aus meiner gedanklichen Abwesenheit. Zum ersten Mal, seit wir uns kannten, musste ich ihm recht geben. Ich träumte tatsächlich vor mich hin, während im Nebenraum eine Leiche lag und ein Tötungsdelikt auf Aufklärung wartete. Ohne meinem natürlichen Feind Borgia zu antworten, ging ich in das kleine Büro, dessen Zugang sich hinter einer lang gezogenen Theke des Ladenraums befand. Zwei Spurensicherer waren bei der Arbeit, die männliche Leiche lag auf dem Boden. Einer der beiden wandte sich mir zu.

»Hier liegt eindeutig ein Fremdverschulden vor, Herr Palzki. Der Tote wurde erschlagen. Danach wurde ihm die Zunge herausgeschnitten.«

»Was macht das für einen Sinn?«

»Sie sind der Hauptkommissar. Vielleicht verbirgt sich irgendeine Symbolik dahinter, keine Ahnung. Doch das ist noch nicht alles. Der Tote war bewaffnet. Nach einer vorläufigen Auswertung befinden sich an der Waffe nur seine eigenen Fingerabdrücke.«

»Vielleicht wurde er von dem Täter überrascht?«

»Das ist immer noch nicht alles, Herr Palzki. Schauen Sie sich mal die Nachricht an, die wir auf dem Tisch gefunden haben.«

Er gab mir eine Plastikhülle, in der sich ein Zettel befand und ich las laut »Wassergeld ist Schutzgeld – Wasser ist knapp und teuer.«

Sofort musste ich erneut an den verwirrten Täter aus

Altrip denken. War hier schon wieder so ein Spinner am Werk oder handelte es sich um einen Trittbrettfahrer?

»Konnte der Tote bereits identifiziert werden? Ist diese Leiche der Eigentümer oder ein Angestellter des Studios?«

»Weder noch«, antwortete mein Kollege Gerhard, der gerade das Büro betrat. »Das Sonnenstudio hat zurzeit wegen Umbauarbeiten geschlossen. Dieser Mann hier hieß Theodor Manschuß. Er war hauptberuflich Landwirt und zugleich Vorsitzender des ›Fördervereins des vorderpfälzischen Beregnungsverbandes‹.«

»Vorderpfälzischer was?«, entgegnete ich irritiert. »Kannst du mir das verständlicher machen?«

Gerhard rollte mit den Augen. »Viel weiß ich darüber auch nicht, Reiner. Dass die Vorderpfalz eines der größten Obst- und Gemüseanbaugebiete in Deutschland ist, ist dir sicherlich bekannt. Auch wenn es nicht so aussieht, die Vorderpfalz hat ein Problem.«

»Mit den Mannheimern, ich weiß.«

»Kannst du mal einen Moment ernst bleiben? Die Vorderpfalz hat ein Regenproblem. In der Rheinebene ist es für das Obst und Gemüse viel zu trocken. Aus diesem Grund haben sich zahlreiche Landwirte zusammengeschlossen und diesen Beregnungsverband gegründet. Am Otterstadter Altrhein steht ein großes Pumpwerk, das über kilometerlange Leitungen die halbe Vorderpfalz mit Wasser versorgt.«

»Ach so, jetzt verstehe ich. Das Pumpwerk habe ich vorhin, als ich in Otterstadt war, sogar gesehen. Solange die rote Farbe noch nicht identifiziert war, musste diese Pumpe abgeschaltet werden. Ich hatte allerdings keine

Ahnung, wozu sie überhaupt benötigt wird. Wer hat übrigens den Toten gefunden?«

»Ein Handwerker. Er wunderte sich, dass das Sonnenstudio nicht abgeschlossen war. Im Büro fand er dann die Leiche.«

»War dieser Manschuß verheiratet?«

Gerhard nickte und gab mir einen Zettel. »Hier hast du die Adresse. Willst du es gleich hinter dich bringen?«

Was blieb mir anderes übrig? Es war die meist gehassteste Aufgabe eines jeden Polizeibeamten, die Hinterbliebenen über das Geschehen zu informieren. In den Handlungsrichtlinien der Kriminalpolizei stand zwar, dass man dafür einen psychologisch geschulten Beamten schicken sollte, doch was wollte man machen, wenn gerade keiner zur Hand war. Zum Glück hatte ich durch meine jahrelange Tätigkeit ein gewisses psychologisches Geschick und Know-how entwickelt.

Manschuß‹ wohnten in der Albrecht-Dürer-Straße in Dudenhofen. Nur wenige Meter entfernt befand sich meiner Meinung nach einer der größten und schönsten Kinderabenteuerspielplätze der Umgebung. Das weiträumige Gelände zog sich bis weit in den Gemeindewald hinein und bei jedem Besuch entdeckte man ein neues Detail. Ein Paradies für Kinder und aufgrund eines Fitness- und eines Barfußpfades auch für Erwachsene interessant. Und das Beste daran: Alles war kostenlos, nicht eingezäunt und daher jederzeit zugänglich.

Zur Vorbereitung auf das Gespräch mit Frau Manschuß und weil ich einfach Hunger hatte, machte ich zunächst einen kleinen außerdienstlichen Umweg zum

Imbiss Caravella in Schifferstadt. Gestärkt und mit Ketchup verschmierten Mundwinkeln, was ich allerdings nicht bemerkte, klingelte ich eine Erholungsstunde später an der entsprechenden Haustür. Die Familie wohnte in einem Gebäude eines alten landwirtschaftlichen Betriebs, der über mehrere Nebengebäude verfügte.

Frau Manschuß war eine außerordentlich starke Frau und nahm die schreckliche Nachricht gefasst auf. Da hatte ich schon ganz andere Szenen erlebt. Nach einer Weile fragte ich sie behutsam, ob ich ihr ein paar Fragen stellen dürfte. Sie nickte fast unmerklich.

»Frau Manschuß, haben Sie eine Ahnung, wer Ihrem Mann das angetan haben könnte? Wir haben bei ihm eine seltsame Nachricht, die etwas mit Wasser- und Schutzgeld zu tun hat, gefunden. Zudem war Ihr Mann bewaffnet.«

Sie fing an zu schluchzen. »Wer konnte schon ahnen, dass dieser Erpresser selbst vor einem Mord nicht zurückschreckt? Oh, es ist alles so furchtbar!«

»Welcher Erpresser?«, unterbrach ich sie.

»Ich weiß auch nicht viel darüber. Fragen Sie die anderen vom Förderverein oder am besten gleich den Geschäftsführer des Beregnungsverbandes. Ich weiß nur, dass jemand seit ein paar Wochen unseren Verband erpresst. Sie haben bestimmt mitbekommen, dass irgendjemand rotes Zeug in den Otterstadter Altrhein geschüttet hat, oder?«

Ich war alarmiert. »War das dieser Erpresser? Was wollte er damit bezwecken? Es handelte sich übrigens nur um harmlose Lebensmittelfarbe, so viel wurde bereits festgestellt.«

Frau Manschuß sah mich verzweifelt an. »Können Sie sich das nicht denken? Hätte man das Pumpwerk nicht sofort abgeschaltet, wäre das gesamte Obst und Gemüse unserer Verbandsmitglieder jetzt rot eingefärbt. Das sollte aber nur eine Warnung sein. Der Erpresser drohte, den Altrhein mit Krankheitserregern zu verseuchen. Können Sie sich vorstellen, was das bedeuten würde? Bevor wir davon etwas bemerken, wäre halb Deutschland vergiftet.«

Mit einem Mal wusste ich, warum ich kein Vegetarier war.

»Und warum haben Sie bisher nicht die Polizei informiert?«

Sie lachte gellend auf. »Was will die Polizei dagegen tun? Etwa Tag und Nacht den Altrhein bewachen lassen? Wie lang? Einen Monat, ein Jahr? Nein, der Erpresser hat mit sofortigen Konsequenzen gedroht, wenn wir uns an die Polizei wenden würden.«

»Nun ja, jetzt weiß die Polizei trotzdem Bescheid. Was wollte Ihr Mann denn überhaupt in diesem Sonnenstudio, und warum war er bewaffnet?«

»Was wohl? Natürlich den Erpresser treffen. Er wurde von unserem Förderverein ausgewählt, Kontakt mit ihm aufzunehmen. Gestern bekam mein Mann die Nachricht, dass er heute zu diesem Studio gehen sollte. Dass mein Mann eine Waffe besaß, ist mir allerdings neu.«

»Und warum er umgebracht wurde, wissen Sie wirklich nicht?«

»Um Himmels willen, wenn wir das geahnt hätten! Niemals hätte ich meinen Mann dorthin fahren lassen!«

Ich sah, dass ich im Moment nicht weiterkam. Sie gab mir, bevor ich mich verabschiedete, die Adresse der Geschäftsstelle des Beregnungsverbandes in Haßloch.

Über Hanhofen fuhr ich in Richtung Geinsheim. Kurz davor ging es rechts nach Haßloch, das als größtes Dorf Deutschlands galt. Direkt hinter der Abbiegung lag der überregional bekannte Freizeitpark Holiday-Park. Mir persönlich gefiel dieser sehr gut, weil er dem Namensbestandteil ›Park‹ alle Ehre machte. Hier standen nicht alle Attraktionen lustlos aneinandergereiht, sondern vielmehr in einer interessanten Parkanlage. Der Otto-Normal-Besucher, der von Fahrgeschäft zu Fahrgeschäft raste, bekam die Vielfalt des Parks nicht mal am Rande mit. Mir fiel auch noch eine andere Sache ein: Vor nicht allzu langer Zeit musste ich in einem Mordfall im Holiday-Park ermitteln. Der Gärtnermeister wurde an der höchsten Stelle der Geforce-Achterbahn ermordet aufgefunden. Auch wenn es jetzt makaber klingt: Während dieser Zeit bin ich das erste Mal in meinem Leben Achterbahn gefahren und habe das rasante Auf und Ab als äußerst lustvoll schätzen gelernt. Während es mir, im Gegensatz zu meiner Jugend, bereits beim Anblick einer Himalaja-Bahn schwindlig wurde, habe ich seitdem mehrfach verschiedene Achterbahnen bestiegen. Und das alles freiwillig und mit viel Freude.

Nach dem Freizeitpark ging es etwa drei Kilometer durch den Wald bis am Ortseingang der beliebte Badepark auftauchte. Dieses Familienbad hatte einiges zu bieten. Unsere Kinder Paul und Melanie liebten diese Anlage.

Fünf Minuten später kam ich bei der Geschäftsstelle an. Dort herrschte bereits große Aufregung. Frau Manschuß hatte mein Kommen offensichtlich telefonisch angekündigt.

Herr Bradouir, der sich als Geschäftsführer vorstellte, bat mich in sein Büro.

»Herr Palzki, Sie müssen uns glauben, wir sind über die Ereignisse schockiert. Der Mord hat uns alle überaus bestürzt.«

»Warum haben Sie die Polizei nicht früher eingeschaltet, anstatt selbst mit dem Erpresser zu verhandeln?«

Der Geschäftsführer schüttelte den Kopf. »Das ging doch nicht, Herr Palzki. Stellen Sie sich mal vor, was auf dem Spiel steht! Wir liefern jährlich 20 Millionen Kubikmeter Wasser an unsere Mitglieder, die damit 13.000 Hektar Felder bewirtschaften. Um Ihnen ein Beispiel zu geben: Ein Quadratmeter Blumenkohl braucht 300 Liter Wasser bis zur Erntereife, in dieser Zeitspanne wird er durch natürliche Regenfälle nur zur Hälfte mit Wasser versorgt.«

Ich unterbrach ihn unwirsch. »Sie können doch nicht allen Ernstes Ihren Blumenkohl höher bewerten als ein Menschenleben!«

»Nein, nein, verstehen Sie mich nicht falsch. Niemand hat auch nur im Geringsten damit gerechnet, dass der Erpresser Herrn Manschuß erschießt. Wir waren schließlich bereit, die geforderte Summe zu bezahlen.«

»Um welche Summe geht es denn?«

»100.000 in kleinen Scheinen.«

»Das ist ein flottes Sümmchen, das Sie zu zahlen bereit gewesen wären.«

Er nickte. »Ohne Zweifel. Das Geld hätten die Mitglieder natürlich gemeinsam aufgebracht. Ein Ernteausfall durch verunreinigtes Erntegut wäre uns teurer gekommen und für viele unserer Mitglieder existenzbedrohend.«

»Wobei Sie keine Gewähr haben, dass der Erpresser nicht erneut Forderungen stellen wird«, gab ich zu bedenken.

»Da haben Sie recht, Herr Palzki. Doch wir hatten keine Alternative. Nun müssen wir sowieso erst mal warten, bis der Schuft sich wieder meldet.«

Auch Herr Bradouir konnte mir an diesem Tag nicht mehr weiterhelfen. Ich ließ mir die bisherigen Erpresserbriefe aushändigen, um sie kriminaltechnisch untersuchen zu lassen. Mit dem bisherigen Tag höchst unzufrieden fuhr ich ins Büro zurück.

Zwei Monate später.

Frau Manschuß aalte sich in der heißen Sonne Floridas. Ihr männlicher Begleiter massierte ihr den Rücken, während sie gemütlich in einer Immobilienzeitschrift blätterte. Sobald der von ihr beauftragte Makler das Grundstück in Dudenhofen verkauft hätte, würde sie sich mit ihrem Freund in Miami niederlassen. Weitere Erpresserbriefe hatte sie seit dem Tod ihres Mannes nicht mehr geschrieben. Kein Mensch würde sie jemals verdächtigen und sie war ihren Mann los, das alte Aas.

102 Limburgerhof hat mehr zu bieten als unendlich viele Verkehrskreisel. Überzeugen Sie sich selbst: http://www.limburgerhof.de/

103 Im Kultursaal überzeugt die Theaterreihe »Kleine Komödie«. Die Salten-Gastspieldirektion bringt regelmäßig 1a-Prominenz nach Limburgerhof. http://www.limburgerhof.de/html/Kultur/Theater_Kleine_Komoedie_.htm

104 Die Capitol Lichtspiele Limburgerhof ist eines der ältesten Kinos Deutschlands mit dem Charme und Atmosphäre der 50er Jahre.
http://www.kino-limburgerhof.de/

105 Der Otterstadter Altrhein entstand durch die Begradigung im 19. Jahrhundert. Die 7 km lange Altrheinstrecke ist ein beliebtes Ausflugsziel und bietet eine beschauliche und schöne Naturlandschaft und ein sportlich vielseitig genutztes Segelrevier.
http://www.segelclub-otterstadt.de/

106 Die 100 Hektar große Reißinsel ist einer der bedeutendsten Vogelruheplätze in der Rheinebene. Die Reißinsel ist jedes Jahr während der Brutzeit vom 1. März bis zum 30. Juni für Besucher gesperrt. http://de.wikipedia.org/wiki/Rei%C3%9Finsel

107 Die Spargelgemeinde Dudenhofen in der Nachbarschaft zu Speyer hat ihren eigenen Flair: http://www.vg-dudenhofen.de

108 Der kostenlose und frei zugängliche Abenteuerspielplatz am Waldrand sucht Seinesgleichen. Bei jedem Besuch entdeckt man neue Attraktionen, die bis tief in den Wald hinein verstreut liegen.
Adresse: Albrecht-Dürer-Straße 7, 67373 Dudenhofen
http://www.vg-dudenhofen.de
Über die »Gemeinde« geht es zu den »Naherholungsgebieten«

109 Der Holiday Park Haßloch ist einer der großen Freizeitparks Deutschlands. Die GeForce-Achterbahn kann Reiner Palzki nur empfehlen.
http://www.plopsa.be/holiday-park/de

110 Das älteste Haus in Haßloch ist aus dem Jahre 1599 und dient als Heimatmuseum und Kulturzentrum. Das Innenleben gewährt Einblick in die damaligen Lebensverhältnisse.
http://www.museum-hassloch.de

111 Der Badepark Haßloch bietet eine vielfältige und nicht alltägliche Spaßbadlandschaft.
http://www.badepark.de/

CARTOON